ヒトガミ

日本的人神信仰研究

[日] 佐藤弘夫 著 邢永凤 栾超 译

山东大学出版社

图书在版编目(CIP)数据

日本的人神信仰研究/[日]佐藤弘夫著;邢永凤,栾超译.—济南:山东大学出版社,2018.3

书名原文:ヒトガミ信仰の系譜

ISBN 978-7-5607-6046-9

Ⅰ.①日… Ⅱ.①佐…②邢…③栾… Ⅲ.①信仰—文化研究—日本 Ⅳ.①B933

中国版本图书馆CIP数据核字(2018)第063926号

责任策划:尹凤桐

责任编辑:秦大忠

封面设计:张 荔

出版发行:山东大学出版社

社 址 山东省济南市山大南路20号

邮 编 250100

电 话 市场部(0531)88364466

经 销:山东省新华书店

印 刷:泰安金彩印务有限公司

规 格:720毫米×1000毫米 1/16

12.25印张 148千字

版 次:2018年3月第1版

印 次:2018年3月第1次印刷

定 价:27.00元

中文版序言

人文科学研究如今在世界范围内遭遇瓶颈，这业已为很多有识之士指出。人文科学研究的终极目标是探明人类的本质，哲学、历史、文学等各个学科，都应将回答这一问题作为研究的最终目的。遗憾的是，当今的学术界似乎忘却了学术的本来目标，而只顾维持自己在各自学术领域的生存。

近代初期思想家们曾经描绘道，社会发展的结果是理想社会的诞生。生活在21世纪的我们，并没能生活在这样的理想社会。近代化的确带来了人类历史上从未有过的物质繁荣，但另一方面，人的心中也滋生了过去的人们无法想象的“无机物”。世界范围内过激的民族主义、民族歧视等都源于此。笔者认为，发生核电站事故、引起环境污染等问题的根本原因在于人心的恶化。这些问题正随着文明的进步而日益严重。

如果现在的危机是伴随近代化的发展而逐渐显现的，那我们有必要在更长的时间范围内，重新考量以人为中心的近代人文主义的文明、文化等。

笔者认为，人文科学目前的首要任务是直面人类所面临的问题与危机，挖掘人类千百万年来积累的智慧，找回因近代化而失去的东西。

我们必须回归到人文学科的原点，追寻“何为人类”这个最本质的问题。

环顾现代人文科学领域的现状，我们就会发现，在方法与视野上，亚洲学界已经过多地引进了欧美的学术，亚洲的研究者们甘愿遵照欧洲学者所制定的规则，心甘情愿地成为这场竞技的主体之一。

对我们而言，首要任务是提高我们的研究水平，直至能够参与制定世界级的学术规则。

因此，我们不能局限于既有的学术领域，必须推进跨越国境的学术交流，积极地与其他领域融合，搭建多领域的研究平台。即使在有限的区域，我们也必须不断努力，寻求世界通用的方法与视野，无限地耕耘我们足下的这片土地。我们相信，这一定会成为超越政治利益、重新焕发学术能量的源泉。

笔者非常高兴本书能奉献给中国的读者。此书由笔者十分尊敬的邢永凤教授与栾超女士共同翻译而成。在这个地球上，不存在没有自己宗教的民族。因此，要进行超地域与国家的比较研究，“神”是一个绝佳的素材。中国在此领域中已有丰富的研究成果。希望今后能与志同道合的中国学者们进行共同研究，并将由此诞生的共同研究成果推向世界。笔者相信，这也将成为增进中日两国互信与友谊的基石。

本书已翻译成英文在美国出版，书名为 *How like A God-Defication in Japanese Religion*。在此之前，韩文版也在韩国出版发行。笔者非常高兴此书能够翻译成第三种语言，与世界各国的人们相遇。

在此，谨向为翻译、出版而尽心尽力的各位朋友表示深深的谢意。

佐藤弘夫

2017 年 7 月 12 日

目　录

绪论　化身为神

那些曾与我等同吃同住、同悲共喜的人们，在他们死后，经过一定的时期或者在一定的条件下，我们将其视为一社之神祭拜、斋戒甚至祷告……毫无疑问，这种做法直到近年都是日本民族习以为常的风俗。

——柳田国男：《把人祭祀为神的风俗》

一、追寻神

回顾人类历史，世界上几乎所有种族与民族都有宗教。因此，我认为，“拥有宗教是区别人与动物的重要标志”这一说法，确实是一语中的。有历史记载之前，人们就认识到神是超越了人类而存在的，而且人类一路追寻神的身影，倾听神的声音。

我们为什么需要神的存在？我们为什么要如此醉心于追寻神？

本书的目的在于从学术视角客观地把握神的诞生与发展。为此，我们将根据具体史料，厘清日本列岛从远古时代人内心的某个昏暗的角落浮现出某种绝对性的存在，到其形象逐渐明晰，最终人们对其顶礼膜拜的这一过程。这是一项探寻人类最重要的伙伴——神的真身的工作,回答的最主要的问题是:人类为何需要神?同时,这也是探寻人类本质的重要一步。

人为何将自然界视为神(奈良 猿田彦神社)

二、认知科学已探明之事

如前所述,综观古今东西,尚没有任何社会不存在神。尤其是在前近代社会(即近代社会前诸社会的总称),宗教有着绝对性意义,扮演着重要角色。因此,不论在信仰的世界,还是学术界,神一直是重要的研究课题。中世的神学与宗教学里最重要的主题就是证明神之存在。时至近代,在哲学、历史学、文学、美术史学、建筑学、宗教学等学术领域中,有关神的研究不胜枚举。

关于这些研究成果,本书也会时有涉及。首先讨论一下近年来在该问题上有着极大影响力的方法论——认知考古学。

包括考古学在内，以往历史科学的做法主要在于进行区分与分类。地球上众多生物在此生息，人类作为其中之一，又分成很多民族，各自保有其固有的历史与文化。通过相互比较这些民族的历史文化，我们在刻画出各文化独特性的同时，也遵从某种标准进行着系统分类。从过去的历史中探寻各种文化的来历及其出现的原因，这是历史学，尤其是文化史学领域中主流的研究方法。

然而，认知考古学并不采取这样的方法。认知考古学所着眼的并非多样性，而是生物学上所区分出的人在认知构造上拥有的共通性，是人在进化的过程中获得的、在某发展阶段上的心理活动的普遍性。

如今地球上生活着肤色、语言都不同的各色人种及民族。乍一看，人的存在状态在一个时代中似乎有着无数变化。然而，一旦我们将人作为一个类别来把握，就能超越人种与地域的界限，发现其中让人惊讶的共通性。在人的视觉、听觉、语言获取等基础性的认知能力方面，根据人种来进行划分几乎毫无意义。在奥林匹克运动会和科学竞赛当中，不同人种能在同一条件下比拼实力便是这个原因。

认知考古学所重视的，是某一类物种认知构造的共通性。而说到作为本书主题的神，就得提起三四万年前狮身人面像及洞窟壁画等现实里不存在、对实际生活也毫无作用的艺术品在世界各地陆续出现。据迄今的考古发现，一万年前葬礼已在各地广泛举行，这些现象都与超越人类存在的认知密切相关，我们也可称之为“宗教性思考的原型”。

根据认知科学的说明，心的能力来源于六万年以前，归因于地球上现生人类（即智人）的大脑认知构造发生了革命性的变化。经过宇宙大爆炸这一变革，人类第一次获得了认知神的能力。此后人类社会中极为复杂的发展皆源于这一事件（史蒂文・米森，1998）。

以上述观点为基础，笔者一方面从基础的认知能力发展这一角度，去把握遗迹、遗物背后所隐藏的当时人们的心理活动，另一方面，又反过来试图弄清人的认知构造的特性。

由讲谈社出版、METIER 发行的中沢新一 *Cahier Sauvage* 系列丛书，尤其是《从熊到王》(中沢，2002)、《神的发明》(中沢，2003)，就应用了该认知考古学的成果，提出了与神诞生有关的最新、最刺激的假说。另外，松本直子此前通过对绳文土器和遗迹的详细解读，从其中的变化找出了超自然存在的诞生与成长的轨迹。在笔者看来，她的一系列工作突破了人们迄今对考古学的概念，极具启发性。(松本，2003)

三、研究神的视角

本书试图尽可能地将认知考古学的最新成果融入其中，同时也将广泛涉及众多学术领域的最新理论与成果。然而，笔者最初考虑时，并没有站在人类具有普遍的认知构造这一前提下，没有使用特定的理论与方法，而是首先结合手头的材料，对资料进行一一确认，试图从自己的视点捕捉日本列岛上神的诞生、成长历程。

为免误解，必须首先说明的是，笔者对人具有共通的认知能力这点持怀疑态度，故而不会采用上述方法。笔者认为，人类拥有一定的普遍认知构造是不可否定的事实。不仅是史前时代，史载以后的时代中，人类创造出了超越民族与地域的高度相似的文化，这一现象十分常见。正如近年来语言科学所探明的，我们或许可以这么想：人类的大脑并非始于一片空白。动物为生存拥有固有本能，与此相类似，人类事先就已具备可称之为“基本软件”的能力。

尽管最近的历史学者中少有人赞同这一观点，笔者依然确信历史中存在可称之为“法则”的东西。我们认为，人所拥有的认知系统的普遍性与决定其发现形态的环境因素的多样性，催生出各地域历史的相似点与特色。

当然，本书并不以发现该法则作为最终目标。坦率地说，这样的课题已超出了笔者的能力范围，因此不值得做唐突的尝试。在本书中，笔者首先排除成见，全面结合资料，考证日本列岛上“神”的诞生与成长过程。

四、“神”与“人神”

神的问题一直是探究“人是什么”的人文科学领域中最重要的课题之一，研究方法与观点不计其数，因此稍不留意，就会使观点过度分散。为此，本书试图从历史上真实存在的人化身为神的现象，也就是“人神”这样一个视角对此问题进行考察。

“死者亡灵无论何时都会留于世上守护子孙”这一观念产生于日本人的传统思想。现今多数研究者与知识分子都认同这一点。如今众多的日本文化论，大部分也是对这一看法的深入探讨。柳田国男是构建该理论基础的学者，他曾论道：死者的灵魂将回归山野，化身成神，守护后代（柳田，1990 a）。前文引用的柳田语录便明确表明了其观点。

倘若将先祖化身为神守护子孙的观念当作日本的固有文化的话，那么它究竟成形于何时？关于这一点，研究者们大体提出了两种观点：一种观点认为是平安时代的“御灵信仰”。该观点认为，进入平安时代后，死灵作祟不断，其中在政治斗争中落败的崇道天皇、伊予亲王、菅原道真等成为拥有巨大威力的“御灵”，令人恐慌不已。最终他们被当作神祭祀，在得到祭祀后逐渐变为能给人们带来福泽恩惠的存在。多数研究者认为，这种御灵信仰便是日本人“人神”信仰的源流。

另一种是江户时代（1603～1868）的义民信仰。江户时代，日本各地出现了将舍生取义的人物当作神来崇敬的现象，佐仓惣五郎便是其中的代表。这与之前的御灵不同，义民中包含了众多无权无势的庶民。基于此，有人认为，现代人神信仰的源流，来源于这种无关身份地位、将所有人平等地祭祀为神的义民信仰。

五、人神信仰的多样性

至此，笔者介绍了平安时代的御灵信仰与江户时代的义民信仰这两种重要学说，作为“人化身为神”这一信仰的源流，这两种学说屡被学界提及。的确，这两种学说都是人化身为神的实例。然而另一方面，笔者又觉得倘若将此与近代的人神信仰直接关联起来，似乎很不妥当。其理由在于：

第一，学界有一个疑问，即将人作为神来祭祀的现象是否该追溯到平安时代？这一点将在后面进行详细论述。笔者认为，这一现象兴起于3世纪，前方后圆坟进行的祭祀礼仪可以证明这一点，因为那时已有“将人上升至神的高度来祭祀”的意图。故笔者认为，该现象的开端最早可追溯到绳文时代。

第二个疑问点在于，各时代的人神信仰的内涵是否具有等质性。诚然，御灵信仰与义民信仰在“将人作为神来祭祀”的人神信仰层面上可以被纳入同一范畴。除两者外，日本列岛上处处可以发现“现人神”“活神”“即身佛”等将人作为神祭祀的信仰。然而如果详细探究其内涵，其中又充满着多样性，难以用“人神信仰”这一概念概括。

以往的研究中，学者们对人身信仰的内涵与变迁问题究竟有何种程度的关注？如果动辄就将人神问题草草作为“日本固有文化”来理解，就会忽视了对于“人化身为神”的过程与体系的深入解读。

关于日本的人神问题，柳田国男认为，“将人作为神祭祀的风俗”是日本列岛上普遍的习俗，但另一方面，又很难概括出从古至今可称之为“一贯的日本人气质”的东西（柳田，1990b）。因此，在民俗学领域，对人神信仰变迁的解读与对其进行类型化的尝试始终在进行。堀一郎承袭了柳田的人神论，将其分作“氏神型”与“人神型”，并分别对其特色进行了论述。他指出，为特定的血缘、地缘共同体所共有、作为其统合象征发挥作用的氏神是封闭的、排他的。而与此相对，人神拥有人格化的、开放的性格，指向了超越封闭的共同体的更广阔的信仰圈(堀，1971)。宫田在论述近世人神信仰的功能时，将其分为"权威跪拜型""作祟克服型""救赎志向型""救世主型"等四种(宫田，1970)。而小松和彦认为，祭祀死者是因为如果不祭祀死者让其安稳，其将造成灾祸，这是"作祟神"信仰体系。而宣扬生前丰功伟绩的"彰显神"系统中的人神，是从前者派生出来的。(小松，2001)

毫无疑问，以上研究成果都很重要，它们对长期以来主张"人神是日本所固有"的观点提出了质疑。尽管如此，笔者认为，日本人神信仰具有多样性与丰富性，仅仅用范畴化、概念化的观点难以充分把握，至少在关注人神信仰变迁的历时性考察中还远远不够。笔者希望可以广泛运用各领域的资料和研究成果，排除成见，认真探索人神信仰发展过程。

六、本书的课题

基于前文所述，本书将按时代发展进程探索日本列岛上的人神如何发展，在此基础上，将沿历史文化的脉络，跟随时代的步伐探索人神观念经历了怎样的变迁与发展，又是如何渗入近代的忠魂思想的。同时，本书还将把视线投向日本之外，从"人化身为绝对性存在"这一视点，通过与海外诸国进行对比，去捕捉日本神信仰的独特性。

通过这样的探讨，本书试图探明日本列岛上神的发现与人神诞生的密切关联，并就神的出现、神的观念的发展历程提出一个假说。

另外，笔者认为本书可为日本"神"的独特性问题的研究提供新的素材与观点。与此同时，本书无疑也可为"日本人为什么没有宗教"这类日本人宗教性问题的研究提供一个方向。

综上所述，本书若能跨越国界，为神的研究提供一点参考，笔者将荣幸之至。

第一章　天皇灵的诞生

一、作为神的“天皇灵”

1. 探求人神的起源

从何时起，人类创造并默认了超越人类本身的神的存在呢？柳田国男在《把人祭祀为神》中认为是平安时代初期的八幡信仰。八幡原本是把应神天皇作为神来供奉，之后，各地也出现了把含冤而死的人作为八幡神来祭拜的现象。柳田认为八幡神是日本人神信仰的典型。

笔者在序中也提到过，柳田之后的研究，在论述人神的起源时，往往首先举出平安时代的御灵信仰。在这种认识下，学界普遍认为，日本列岛人神信仰起源于平安时代的作祟神崇拜。

这种观点究竟是否正确？首先，我们来考察一下御灵信仰是否为日本人神信仰的源头。

上文已经提到，当前的人神研究，一般基于两种基本认识：(1)其源头可追溯到平安时代；(2)人神的原点是作祟神。

若想要推翻以上观点，则必须要论证以下两点：(1)人神的起源可以追溯到奈良时代以前;(2)人神是与作祟神不同系列的神。

显而易见,我们需要做的是沿着时代的脉搏去寻找不属于“作祟神”的人神的实例。那么,这样的实例究竟是否存在?针对这个疑问,笔者首先想要说明一下“天皇灵”的问题。

养老四年(720)完成的日本最初的正史书《日本书纪》及之后延历十六年(797)完成的《续日本纪》中,随处可见“天皇灵”一词。例如,据《日本书纪》记载,日本武尊曾对景行天皇说起,自己过去讨伐熊袭是借用了皇灵的威力。另外,神功皇后摄政前期,新罗的攻击迫在眉睫之时,她承蒙“天地神的教诲”,得到“皇祖灵”的援助,打算横渡沧海讨伐西国。据《续日本纪》记载,为庆贺陆奥国出土黄金一事,天平胜宝元年(749)四月的诏书中提到,这些黄金的出现是源自神佛护佑、天皇灵的神力。不同史料有不同描述,但可以确定的是,在8世纪的朝廷,人们在做任何事情时,总会想象着有“天皇灵”这样超自然能力的存在能助自己一臂之力。

祭祀神武天皇的橿原神宫

2. 折口信夫和“天皇灵”

最早关注“天皇灵”一词的是著名民俗学家折口信夫。想必很多人都记得，为了向国内外昭示新天皇即位，1989 年日本皇室举行了“即位大典”。向天下昭示新皇即位，举行即位仪式，此类仪式于古今中外都并不罕见。然而，从古时起，日本除了这种传统的即位仪式之外，还有另外一项即位仪式，那就是大尝祭。

即位大典，就是白天在公共场合宴请世界各国的宾客，并通过电视直播现场情况。而大尝祭，会设置些只为此活动而准备的特别设施，由被选定的少数人参加，从 11 月 4 日深夜一直进行至凌晨。举行的目的当然不会公开，连大致内容都不会透露出来。大尝祭是与即位大典同等规格的大规模仪式，却完全是天皇家私人的活动，因此完全秘密进行。也正因此，平成换代之时，关于是否应公费支出大尝祭的花销一度成为议论焦点。

日本天皇制持续时间如此之长，这在世界王制中并不多见。要解开此谜团，或许能够从“为何日本要举行两次即位仪式”这个问题中找到突破口。基于这种预期，至今已有许多研究者对大尝祭表现出极大兴趣。研究者首先关心的问题是：在秘密的大尝祭仪式上究竟进行哪些环节？围绕这个问题，有许多人进行了研究。其中，最具影响力的观点，是把大尝祭看作继承天皇灵的仪式。提出此观点的正是折口信夫。

过去，天皇的身体被认为是天皇灵的载体，被称为“皇孙尊”(すめみまのみこと)。“みま”原本指肉体，说的是皇帝的御体。天皇的身体中有天皇灵，因此，天子才拥有无穷威力。(折口，1995a)

折口把天皇的身体描述为“灵魂的容器”。据折口的观点，尚未即位的天皇，身体就像是空的容器。即使履行了正统的即位手续，仅通过世俗的仪式也还成不了真正的天皇。要成为真正的天皇，需要把身体的躯壳用天皇灵填满，使之带有不同于常人神圣的权威，这一过程必不可少。

大尝祭就是为使新天皇的身体附上天皇灵而进行的仪式。天皇灵通过大尝祭进入新天皇体内，使天皇变身为神圣的存在。除即位大典之外还要举行大尝祭，原因即在此。

那么，这种所谓的天皇灵，究竟是什么呢？根据折口的解释，天皇灵是代代天皇所继承的天照大神的灵魂。上一代天皇去世后，离开遗骸的天皇灵通过大尝祭附着到新天皇的身体上。此时，新天皇就变身为与皇祖神天照大神具有同等威力的存在。

据说因为有这样的体系，日本的天皇制不管历经多少代，天皇拥有的神圣权威都原原本本地继承下来。用折口的话来说，“肉体虽然变了，一旦灵魂附体，就成了完全一样的天皇”（折口，1995a）。

3. 成为神的天皇

折口信夫围绕天皇圣威展开的学说，通过对“天皇灵”这一神秘概念和大尝祭的独创解释，对之后研究天皇制的学者们产生了极大的影响。考古界认为，前方后圆坟举行的祭祀是大王灵的继承仪式。例如，寺泽薰的以下论述，很明显是受了折口的影响：

> 我认为，古坟时代前期的大王灵继承仪式发展成后来的天皇灵继承仪式，构成了大尝祭的根本。著名民俗学家折口信夫在《大尝祭的本质》中论述道，新王只有在大尝祭的神座上披上真床覆衾，才能继承旧王的天皇灵，这一仪式便是大尝祭的本质。这难道不是伴随前方后圆坟的成立而完成的吗？（寺泽，2000）

折口学说把大尝祭看作天皇灵的继承仪式。根据此学说，通过发掘周边资料，以及对于资料的进一步解释而衍生出很多的研究。比如，将大尝祭之前去世的仲恭天皇称为“半帝”，这一事实恰好印证了天皇要成为真正的天皇，大尝祭是不可缺少的仪式。

另外，以文献学者为中心，展开了对折口学说的根本批判。他们把天皇灵的例子结合文献进行解释，会发现其中有好几个不同的形式。也有的把当今天皇所具有的宗教权威称为“天皇灵”，但是其核心概念是天皇灵乃守护天皇的皇祖灵的集合体，不管怎样，都很难把它理解为代代天皇继承的天照大神的灵魂（熊谷，1988）。这种批判是文献研究的结果，所以很有说服力。也正基于此，在当今文献史学领域，天皇灵的核心概念是天皇家的祖先灵这一观点正逐渐被认可。

不可否认，关于天皇灵观念，仍有值得探讨的地方。根据史料可知，事实上这一概念存在不确定的地方。然而，从上文的例子中也可以明确的一点是，天皇灵与天神地祇一道共同守护着皇位。它与平安时代出现的怨灵属于完全不同的范畴，既被看成是实实在在存在于这个世上的死者的灵魂，又被看作与既存的神具有同等地位。在《日本书纪》《续日本纪》的编纂者看来，天皇灵毫无疑问就是神。

据《日本书纪》记载，在壬申之乱中与大友皇子争夺皇位的大海人皇子（之后的天武天皇）受了神谕，去参拜了神武陵，并供奉了马和武器。这里明确显示了神武天皇是绝对的守护者的观念。《日本书纪》中强调天皇灵，是因为天武天皇认为，壬申之乱取胜，得益于神武显灵。

4. 具有监视作用的天皇灵

在其他史料中也可以看到天皇灵与神地位相当的观点。敏达天皇十年（581）闰二月，天皇听说虾夷（今北海道）骚动，便召集其头领，在初濑川河原向三诸山对朝廷起誓，如若违背誓言，“天地诸神以及天皇灵”将令其断子绝孙（《日本书纪》）。在此，“天地诸神”与“天皇灵”之间没有任何差别。

据《续日本纪》记载，神护景云三年（769）五月二十九日，称德天皇下诏书道：县犬养姐女等人诅咒天皇并试图让盐烧王子篡位，本应判为死刑，今罪减一等，判处其流放之罪。据说，书中有如下记载：因为有“卢舍那如来、最圣王经、观世音菩萨、护法善神梵王帝释”四大天王不可思议的神力，还有自开天辟地以来治理国家的天皇灵、天神地神的保护，才使得姐女等人的阴谋暴露无遗。

此处的“卢舍那如来”是在天平胜宝四年（752）开光的东大寺大佛。《最胜王经》（《金光明最胜王经》）是奈良时代（8世纪）备受尊崇的护国经典。与东大寺一同建起来的国分寺被称作“金光明四天王护国寺”。“观世音菩萨”是辅陀落（现普陀山）净土的菩萨，因为其传来是在大佛之后，或许此处的“菩萨”特指以二月堂不空绢索观音像为代表的特定的观音像。“护法善神”也同样，与其说是指梵天、帝释天、四大天王等天部守护神，不如说它们更可能是铸造并安放在堂舍中的具体神像。“天神地祇”是指日本诸神，“天皇灵”是指历代天皇的灵魂。这些神的出处、性格虽然完全不同，但都被视为同等存在。

江户时代的国学家本居宣长对“神”解释道：“所谓神，是指古代典籍中出现的天地诸神、供奉在神社的御灵、人以及草木鸟兽、山海等，或具有不寻常优秀品德者，又或是令人敬畏之人。”（《古事记传》卷3）现代人很难理解这一点，但对于8世纪的人们来说，不管是大佛还是经典又或是日本诸神，都是不寻常的神圣存在。成书于9世纪初的《日本灵异记》中，出现的显灵主体的佛像、经典、神的地位是平等的。在此，代代相传的“天皇灵”与传统的天神地祇以及各路神都在同一范畴。

通过以上可发现，自奈良时代起人们已经形成这样的观念，即自古以来的天皇灵与传统诸神一起，在王城内外特定的地方守护着天皇。

被尊为神的神武天皇、应神天皇等历代天皇灵，都不是有着强烈怨念的政治失败者。从这一点来讲，古代的天皇灵与之后平安时代的御灵存在根本的区别。

四天王(多闻像)(法隆寺)

把人祭祀为神的信仰,可追溯到奈良时代出现的天皇灵认识。而且,这与作为“人神”先例被提及的“御灵”有本质区别。

二、现世神的思想

1. 被神秘化的天皇

在此新的疑问产生了:其一,8 世纪的天皇灵是否日本最早的现人神?其二,为什么这个时期人神的观念逐渐成熟,出现了天皇灵?

下面我们考察一下天皇灵出现的原因。

天智天皇死后,天武天皇在壬申之乱中获得胜利并继承皇位,将都城由大津迁至飞鸟净御原,同时开始着手进行各项制度改革。天武天皇及之后的持统天皇在位期间,积极构建新体制,最大目标是使天皇成为国家唯一的代表,让自己的地位绝对化。这一时期弃用了“大王”一称，改用“天皇”称号。在白村江之战中，大和政权败给唐和新罗，被迫撤离朝鲜半岛，这促使大和政权决心建成天皇统治下的、足以对抗其他国家的强势集权国家。将天皇绝对化的做法也波及诸神世界。天照大神被认为是天皇家的祖先神，以天照大神为中心，诸神的序列化及其系谱不断再编。天皇为显示其与其他臣民的不同，除了将皇祖天照大神作为至高神，也将历代天皇都视为大神的子孙，把他们列入日本列岛开辟以来的诸神系谱。由此，天皇不仅仅是神的子孙，在位天皇也是神的观念开始形成并不断强化。（神野志，1990）

天皇是神，所以能把宫殿建在云霄之上。（《万叶集》）

这是持统天皇（也有说是天武天皇）在游览雷岳时，歌人柿本人麻吕所作的和歌。作者借攀登雷岳宣扬天皇是神，可居于云霄之上，以此来赞美天皇的威力。除此之外，《万叶集》中也有几首和歌将天皇称为“神”。

翻看《古事记》《日本书纪》不难发现，书中描述的神并不局限于有特定血脉的天皇祖先。在神话时代，所有人皆是神。《日本书纪》中，描述琼琼杵神下凡时，是这样描写当时的日本的：“那里多有发荧光之神，发出蝇声之神，并且草木皆能言。”7 世纪，各氏族将神话时代的各自祖先供奉为神。从这个意义上，那个时代的人们皆是神的子孙。不仅仅是人类，动物草木也都是会说话的神。

然而，在《万叶集》中，“神”这一概念所蕴含的意思明显发生了改变。它强调神是不同于人类的特殊存在。在人的意识形态领域，日本人在无限强化神的绝对性的同时，将这种绝对性限定于天皇一人身上。

恰好当时文武天皇的即位诏书中，出现了“现世神和治世天皇”这样的描述（《续日本纪》）。即位时天皇宣称自己是现世神，这成为此后的即位诏书中常用的套话。经此过程，从 7 世纪末开始，天皇渐渐上升为与一般平民隔绝的、绝对性的存在。在天皇神化的背景下，大尝祭成为这一计划变为现实的舞台装置。

2. 陵墓制的制定

天武、持统时期，把天皇从各个层面上升为神成为日本国的基本政策。在墓制方面，代表性的政策就是陵墓制。陵墓制定于律令国家形成期，它禁止了统治阶级一直实行的建造坟丘制，成为具有特定身份和特殊地位之人的特权。即使同属有权建造坟墓的阶层，由于各自的身份不同，其坟墓的大小也有很大区别。天皇为最高级，天皇以下，则根据被葬者地位身份的不同而对坟墓的规模严格规定。

创建陵墓制度的另一个目的，是通过确定神武天皇以来历代天皇的墓地，再现从神代至今的天皇系谱。

之前曾提到，天武、持统时期，天皇乃是天照大神的直系子孙这一理念为天皇权威的上升提供了理论基础。但是，要毫无破绽地把历代天皇谱系连接起来，则需要相当高的技术手段。第一代天皇神武天皇自不必说，从二代绥靖天皇到九代的开化天皇，亦均没有史料记载。尽管其中有一部分存在相应的人物形象，基本也只是存在于纪记文学中，这在当今历史学界已是常识。为使虚构出来的天皇谱系更真实，日本皇室便为神武天皇以来的历代天皇建造了坟墓。

尽管如此，那么原本不存在的坟墓到底是如何建造出来的？今尾文昭以新益京的建造过程为例，作出了很有意思的说明。新益京是持统天皇在飞鸟建造的都城，其内部残留了很多古坟时代的坟丘。这妨碍了新都城的建设，所以在建城时这些坟丘被夷为平地，只残存了几处古坟。

为何非要保留这几处古坟？据今尾推测，是由于国家把京城的一部分与天皇无关的古坟假托为历代天皇之陵墓的缘故。（今尾，2008）

《日本书纪》《古事记》都记载了自神武天皇以来一脉相承的天皇谱系,这是天皇权威的根据。处于初创时期的律令国家,为证实这个谱系的可靠性,不管坟墓中埋葬的人究竟是谁,而只把美观的巨大古坟当作历代天皇的坟墓。另一方面,那些没有被指定为天皇陵墓的古坟群,因为没有利用价值而被无情地夷为平地。从京城内眺望到的连绵的坟丘,使得自太古时代以来一脉相承的天皇谱系具有可视性,于是这些坟丘被重新定位为天皇的象征。

3. 神灵寄居的坟丘

国家给古坟赋予"陵"这种新的含义,欲对长眠其中的历代天皇的灵魂作出新的解释,把其定义为"天皇的守护者",也就是"神"。《日本书纪》《续日本书纪》中出现的天皇灵,就是在与 7 世纪末的政治状况密切关联中诞生的观念。

经历了上述程序确定下来的历代天皇陵,是一般人不能涉足的神圣空间,还设置了守墓人,要求他们必须严格守卫天皇陵(《葬送令》)。担当与陵墓相关事务的诸陵司最重要的职责是"祭祀陵灵"(《职员令》)。另外,皇后以下的皇族及贵族们的埋葬地,与"陵"相区别,被称为"墓",而且被排除在公家管理体制之外。原则上平民百姓不许造墓。至此,陵墓制与同在持统时期完善的即位仪式大尝祭一起,发挥了圣化天皇的作用,使天皇与其他日本人完全隔绝。

随着历代天皇陵墓的创建,国家不时向天皇陵派去使者,确立了荷前使制度(各藩国每年贡奉最早收获的谷物果蔬的制度)和奉币制度。山陵祭祀体系制定的目的是要明确:为了守护国家和天皇,天皇灵严密地监视着一切。

此时,一直居无定所的传统神开始在神社定居下来。在此之前,祭拜神灵时,每次都是神依附于某物降临,之后神便又不知去往何方。但是,自 7 世纪末起,通过奉币使,诸神开始接受定期的祭祀,神一直在神社中守护天皇的观念逐渐确立。

随着律令国家的形成,天皇灵也和传统的神灵一起,成为国家的守护神。

三、神栖于山

1. 回归山里的作祟神

把古坟称为“山陵”，把“山陵”解释为天皇灵魂栖居地的原因，在于当时的日本存在一种观念，认为从家乡眺望到的山是神的栖居地。奈良的三轮山、一言主神出没的葛城山，都是神镇守地的代表。

《常陆国风土记》（筑波郡）中有这样的记载：祖神去到诸神所在地巡行，因天色已晚便向富士山神借宿，富士山神却因新壳祭忌讳而拒绝了祖神。祖神转而去了筑波山神那里，受到了热情款待。因为这件事，富士山经历了一年无人光顾的极寒，反之，筑波山迎来了香火旺盛的繁荣。除了这两座山，《常陆国风土记》中还有各地的山都有神镇守的记载。

都良香的《富士山记》中记载，贞观十七年（875）十一月五日，人们在山脚下举行祭祀活动，看到两名白衣女子在富士山顶翩翩起舞。村落的祭祀中也多次目击到神的镇守活动。这种情景在开发耕地和定居化不断发展的弥生时代越来越普遍。

神栖于山的理由，无疑是因为山乃清净之地。《常陆国风土记》（久慈郡）中记载了神被供奉在贺蓖礼高峰的原因：由于人们备受神灵作祟的困扰，于是提出“现在，与其把神请放在这里，靠近周围百姓，失去其神圣性，不如把神迁放到清净的高山之上”。《延喜式》收录的“祟神迁却”祝词里也提到，把宫中的作祟神迁往视野开阔的“山川清地”，是为了平息祸祟。

由于神喜欢栖居在清净之地，因此一旦神引发祸祟，最先想到的是神灵或者其所在地遇到污秽。《日本书纪・仁德天皇纪》中记载，天皇去淡路岛狩猎时，栖于此岛的伊奘诺尊神厌恶天皇随从的伤口，于是下了“受不了血腥之气”的神谕。《续日本纪》记载，延历元年(782)七月二十九日，因为官员们穿着丧服去参加神事，致使喜事凶事混交，以伊势神为首，所有的神都发起祸祟。这都是因为神要远离与人类世俗生活相关的死亡、血或排泄物等污物。

因为山是神栖居的清净之地，所以日本诸山很早就成为想拥有超人力量的修行者的修炼之地。《日本灵异记》(上卷第二十八话)中描写的能在空中自由飞翔、指使鬼神做事的修行者形象，已经深入人心。更重要的是，人们认为，修行者的超能之源来自于身心的清净。人们相信一旦进入神圣的山中，过上远离尘世喧嚣的生活，身心就能得到净化，就能获得与神灵匹敌的强大威力。

2. 被净化的灵魂

现在，一谈到古代的神，就要谈到“清净性”这一最重要的关键词。神之所以栖居于山，也是因为那里是清净之地。

柳田国男在《先祖的传说》中论道，自古以来日本人相信人去世后回归山上，这一论述对后来的民俗学、宗教学都产生了很大的影响。受柳田学说的影响，各地从山上迎接祖灵的盂兰盆节习俗等也被关注和介绍，“盆路”[①]便是其中之一。崛一郎通过分析《万叶集》中的挽歌，指出其中有很多内容反映出死者灵魂栖居在较高的地方特别是山上。这实际上隐含着死者入山的观念(崛，1963)。此后，柳田与崛的学说获得了众多支持者。“死者栖居于山”成为现今日本人的共识。然而，查阅古代文献，并没有发现这种说法的明确记载，更多的说法是“神”栖居于山。(佐藤弘夫，2009)

在古代，死亡意味着与肉体分离的灵魂再也不能回归肉体。灵魂离开后的肉体只是个躯壳，人们更关心的是灵魂。那时，人们普遍认

① 盂兰盆祭之前，日本人会割掉墓场到村庄沿途的杂草，为精灵们修整道路。

为，死后不久的灵魂仍具有加害人类的威力。“殡”等古代送葬仪式最重要的目的是抚慰灵魂，使其安全无害。而且，人们还认为，只有通过净化灵魂才能实现这一目的。通过净化灵魂平息神作祟的过程，与安魂死灵的过程相同。

灵魂通过各式各样的仪式得到净化后，最终去往祖灵聚集的死者国度。《古事记》《日本书纪》中提到的黄泉之国，在黄泉与现世的交界处。《出云国风土记》（出云郡）中记载了位于宇贺乡海岸的“黄泉坡”“黄泉穴”的传说。古代时，人们认为死者聚集之地不只局限于山中，洞窟、海岸、岛、峡谷等各种各样的地方都是他们的聚集地。仙台市青叶区茂崎丘陵底部，残存了大年寺山横穴群等多处洞窟式墓地。据推测，6～8世纪间，这里埋葬过1000多人（《茂崎横穴墓群》，1989）。不论是从文献资料还是从考古资料中，我们都没有发现“死者栖居于山中”的观念。

在扫墓习惯没有固定下来的古代，人们几乎没有“死者的灵魂定居在埋葬地”这种意识。王朝时代的歌人和泉式部曾在除夕之夜作过这样一首和歌：“听说今晚是逝者归来之时，却没见到你。莫非我的住所是无魂之家？”

古代日本社会广泛流传着这样的说法：“平日游荡在别处的亡灵在除夕之夜会去探望亲近的人。”中古文学中也残存了许多咏叹这一习俗的和歌。直至10世纪，人们仍认为，逝者并非只定居一处，生者如何企盼也很难轻易与之会面。

在这些亡灵中，只有完全得到净化并有了特殊威力的灵魂才被视为神。反之，灵魂为了能定居于山上，必须成为神。

3. 作为山的“山陵”

当我们以灵魂成为神之后将栖居于山顶这种认识为前提，重新探讨律令时期的国家政策时，我们会发现若干很有意思的东西。

如前所述,7 世纪末日本依照国家方针,把古坟时代建造的特定的坟墓(山形的坟丘)说成是与实际埋葬者无关的历代天皇之陵墓。坟墓一旦被认定为天皇陵,国家便会设置守卫(陵户)对其进行守护,并定期举行祭祀活动。这一系列程序的目的在于,使人们形成天皇灵长期栖居于古坟的意识。

在律令制下,天皇陵被称为“山陵”,根据相关规定,坟墓修建者“山作司”的职责是非常重要的。这实际是欲在“神栖于山”的社会共识下,人为地打造出“山是天皇灵栖居地”的观念。平安时代供奉在古坟中的天皇灵,也似乎时常作祟,制造不安,要求解除人们对他的侵犯。《续日本纪》的“承和八年(841)十月十五日条文”中记载,因砍伐柏原御陵(恒武天皇陵)的树木而导致亡灵作祟,仁明天皇身体因此出现异常,便派使者去陵墓诵经。

多武峰上的藤原镰足墓

这种山陵祸祟通常被解释为亡灵的能力。我们认为,倒不如说这是同时代神所特有的“能力”。《日本书纪》记载,齐明天皇迁都朝仓宫之时,用朝仓神社的神木建造宫殿,引得神灵大怒,引发了鬼火、疫病等种种怪异现象。有如下记载:承和十四年(847),左相扑司砍伐葛野郡郡家门口的榉树做太鼓,招致祸祟。为了平息神怒,他们便把做好的太鼓供奉在松尾神社。砍伐树木—引发祸祟—谢罪平息神怒,这一连串过程和之前提到的与天皇灵有关的情况完全相同。因此,天皇陵被视为与神社同质。

在古代,山特别是山顶被视为现世最清净的地方,是神的栖居之地。一般认为,只有与神具有同等清净性的灵魂才可以在山上停留。律令时期,人们认为古坟与“山陵”也是山,那里栖居着作为神的天皇灵。

4. 天皇灵的渊源

我们论述了刚才提出的两个问题之一,也就是为什么8世纪出现了天皇灵是神的观念。接下来讨论第二个问题,即天皇灵是否日本列岛最早的现世神。

不只是天皇的灵魂成为祭祀、祈祷的对象,时代推移至天平神护元年(765)八月,称德天皇的诏书中也写有如下的内容:追究和气王谋反罪的根据是,他曾向自己的“先灵”祈祷,希望自己的谋反之事能够成功(《续日本纪》)。天平二年(730)九月,来自渤海的信物被供奉于山陵六所及藤原不比等的墓中;天平胜宝七年(755)十月,圣武太上皇染病,派遣奉币使前往天智天皇之后的历代山陵及藤原不比等的陵墓祭祀;多武峰藤原镰足的坟墓时常出现吉兆,向人们提示未来世事的变化。(黑田智,2007)

在天皇灵观念普及的7世纪末之前,日本社会中就已经广泛形成了“氏族的始祖保护子孙”这样一种认识。《古事记》《日本书纪》记载了由神治时代始祖派生出的各氏族的由来。天照大神守护神武天皇、祖神守护子孙这一观念逐渐成为社会共识。

在这种祖先观的影响下,律令国家通过给历代天皇分配特定坟墓，确保天皇灵的栖居之地，进而保证了其稳固的现实性。另外，通过操纵《日本书纪》等正史中史料的记述，将灵魂的力量提升至与神同等甚至在神之上，也是旨在将天皇灵的地位制度化。此外，通过施行陵墓制，规定祭祀先祖的仪式，也可断绝其他氏族的亡灵化为神的可能性。

当时，因为藤原氏在朝廷内部拥有巨大的权力，藤原氏的始祖藤原镰足、藤原不比等被视为神，人们不得不承认其特殊的地位，这是一个例外。如前所述，天皇在向藤原不比等陵墓派遣奉币使四日之后，又下诏书，禁止安艺、周防两国进行“安抚亡灵”的祭祀活动（《续日本纪》）。一方面允许把特权阶级的亡灵视为神祭拜，另一方面却又禁止祭祀其他亡灵。

如果天皇灵不是最初的现世神，那么将历史上实际存在的人物祭祀为神的行为可以追溯到何时？要解决这个问题，我们有必要尽可能追溯历史，以了解日本的神究竟是怎样的存在，又是以怎样的形式出现的。然而问题在于，之前的历史并没有相关的文献史料。因此，我们必须尽可能借鉴考古学等相关领域的研究成果，以更广阔的视野来研究此问题。

让我们首先回到确有人类活动的一万年前，希望在一万年前与天皇灵诞生的7世纪末之间漫长的时间和脉络中，探寻现世神的产生机制及天皇灵诞生的意义。

5. 大陆的祖先观

在解决上述问题之前，我们想预先提及一个问题。那就是将日本现世神观念与中国大陆、朝鲜半岛的现世神观念进行一个对比。7世纪日本与包括朝鲜半岛在内的大陆交流密切，这种交流也包括军事冲突。形形色色的人怀着各种目的来到日本，律令制本身也是源自中国。因此，日本人的思想、世界观等深受大陆影响。

在中国的商代，先祖帝王负责使王权正当化。人们认为，去世的先帝升天后可通天帝，对帝王而言，与天帝相通对保全其地位很重要。这就承认了天上之神与当权者存在血缘关系，这也与日本律令国家成立时期的天皇观有相通之处。

但到了公元前1100年，西周推翻商朝后，帝王与天神间的关系发生了很大的变化，逐渐形成了受天命统治天下的天命思想。这就切断了天神（天帝）与帝王之间先天的血缘关系，形成了只要接受天命谁都可以成为帝王而失去天命即失去王权的帝王观。这种思想作为儒家的革命思想得以系统化。

既然这样，那么由帝王进行的祖先祭祀就完全失去了其在国家统治层面上所发挥的作用吗？事实并非如此。天帝观念形成后的古代中国，帝王最重要的祭祀活动就是祭天（郊祀）。同时，天子应该举行的重要祭祀就是宗庙祭祀。

那么祭天（郊祀）和宗庙祭祀之间有何关系？如果天帝给帝王下命这一观念成立，那么帝王亡灵升天侍奉在天帝左右便是理所当然的事。因此，天命并非直接由天帝传达给帝王，而是通过先帝亡灵传递给帝王。基于此，宗庙祭祀与祭天同样成为帝王必须举行的重要祭祀活动。后汉以后两者合并，“郊庙”便是由此而来。（金子修，1988）

7世纪末，日本正试图将天皇及其历代祖先作为神来祭拜，而在中国，皇帝和天帝之间失去了直接的血缘关系，形成了天上的天神与地上的统治者之间紧张的对峙关系。

第二章　从亡灵到神

一、诸神的黎明

1. 尼安德特人[①]与智人

居住在日本列岛的人们，从何时起开始意识到超人类——神的存在？认知考古学近年来对“神的诞生”这一宏大的主题投入了很多精力，这点我们在序中已经介绍过。

根据人类学的研究成果，现代人类祖先——智人出现于距今10万～20万年前的非洲。智人刚出现的时候，地球上有其他人类群体称霸。他们是以尼安德特人为代表、被称作“旧人”的人类群体。直到距今2万～3万年前，都是两者共存的时代。

据说，和尼安德特人相比，智人的样貌稍端正，从外表来看，两者的区别并不明显。从脑容量来看，尼安德特人的反而更大一些。但通过对比脑功能，就能发现两者之间的巨大区别。

① 古人类化石之一，有代表性的更新世晚期人类。——译者注

区别到底在何处？可借用进化心理学者经常用的瑞士军刀的例子来说明。瑞士军刀是一种集小刀、勺子、锯子、起子等多种工具折叠于同一刀身的刀具的一种。心理学家认为，人类的大脑内部有掌握各种智能的领域（模块），就像瑞士军刀特化成的一个个工具一样。代表性的有解释自然象征符号的博物智能、传达心意的社会智能、将意象转为实物的技术智能等。

无论是尼安德特人还是初期的智人，其大脑内各智能相互间均独立，没有关联，就像用途不同，使用瑞士军刀中不同工具一样。但在距今 3 万～6 万年前，智人的大脑内发生了“大爆炸”般的变化。智能间的横向通路被打通，出现了认知流动性这一新的能力。

2. 动物的类人化

我们希望借用认知考古学家的一位开拓者斯蒂芬·麦尔逊的学说，并结合具体例子进行详细阐述。

无论是尼安德特人还是智人，获得食物的主要方式是狩猎，但是两者狩猎的方法大不相同。尼安德特人狩猎是眼前有什么猎物就抓什么，这一点就和狮子等肉食猛兽一样。

与此相对，在最后一次冰河期（18000 年前），智人的狩猎方法变为瞄准特定的猎物进行狩猎。因此，智人采用了先了解各种动物的行为模式再对其进行伏击等高级狩猎策略，也开始建设保障基地、实行责任分工等。

两者的区别是如何产生的呢？这大概是因为智人具有认知迁移的能力。如果对在集团中收集、猎取食物等行为用模块来进行区分，就属于社会智能的范畴了。与此同时，对动物分类，选择必要的猎物，这种能力则属于博物智能。尼安德特人也有这些智能，但是不能将这些智能进行融合。即使他们在遇到羚羊群时，能认识到这是猎物并立刻转移到狩猎行为，也并不能做到事先伏击羚羊。

与此相对，智人往往事先确定好猎物，预测其行为，在特定的地方根据不同动物制定出最佳捕获方法。使这一点成为可能的就是动物的类人化。动物也和人一样有心，它们的行动也并非盲目，而是基于一定自觉意识，具有一定行为模式。这是伏击狩猎这一行为的基础。

然而，动物要做到与人类相同，其社会智能、博物智能就不应是各自独立存在的，而只有在打破对社会的认识（社会智能）和对事物的认识（博物智能）之间的屏障，拥有了融合两种智能的能力之后才能成为可能。要达到动物的类人化，必须超越瑞士军刀式的功能的复杂性，进一步拥有认知迁移能力。

3. 感知无形的能力

看见无形之物，这是一种独特的力量。

跨领域流动的认知能力还赋予了人类另一个重要的资质，那就是能够类推出现实中不存在之物的能力。

在德国南部发现了一具十分有名的象牙塑像——人身狮头像，据说这是距今3万多年前制成的。此外，在欧洲，大约4万年前开始，陆续出现了刻着动物形象的象牙、描绘着人和动物的洞窟壁画等。人类最古老的艺术品就这样诞生了。这一时期也大量涌现出珠串、挂件等个人装饰品。同时，不可忽视的是墓穴中开始出现陪葬品。

麦尔逊认为，如同“文化爆发式发展”的现象，若非人类具有了将各个领域联系在一起的认知迁移能力，这些现象都根本不可能出现。狮头人在现实中并不存在，而只存在于人们大脑中，若是仅凭大脑中单独一个模块绝对无法完成。装饰品和陪葬品并非现实生活中的必需品，而是精巧的东西。它们的产生也同样不是仅凭大脑中单独一个模块就能完成的。这些都表明，在不同场合下，人们横跨各个领域的认知能力在这一时期急速成长了起来。

至此，神的诞生近在眼前。可以说，人们通过认知的不断迁移，不断创造出超越具体形象的艺术作品，这应该是与神的诞生密不可分的现象。毫无疑问，狮头人像表明当时的人们发现了超越自然界存在的某种事物。有陪葬品的墓穴同样说明，在当时的人类看来，死去的人不再单纯是副不能动的躯体，而是超自然的存在。

至此，人类已经能够超越自然与周围环境，感知到无形的能量。

4. 抽象的可视化

关于神的诞生，我们介绍了以麦尔逊为代表的认知科学的假说，虽然这一假说的确颇为有趣，且极具冲击性，但关于日本列岛上神的诞生，我们却不想照搬这一假说。正如本书绪论里中所说，我们想尽可能根据具体资料，从自身视角追寻日本列岛上神的踪迹。

旧石器伪造问题曾在考古学界引起轩然大波，这件事我们仍记忆犹新。但确凿的考古发现，已证实旧石器时代的日本列岛已有人类居住。第二次世界大战之前的考古学家普遍认为，在新石器时代的人带着绳文土器来到日本列岛前，这个列岛上没有人类居住。然而相泽忠洋的《岩宿的发现》（相泽，1969）证明了旧石器文化的存在。尽管旧石器伪造问题曾遭热议，但毫无疑问，可追溯至旧石器时代的遗迹、石器等依然大量存在。问题是，通过这些去了解当时列岛上人们的内心世界似乎有些困难。

值得注意的是，这些石器中不仅仅有实用品，还有很多超越实际用途的装饰品，比如制作于旧石器时代后期的“御子柴型”的大型石枪，有的左右对称并装饰着薄片，但很容易损坏，并不实用（松木，2007）。由此可以看出，其根本目的不是实用性，而是为了制作美观的石器。装饰性在认知考古学中是推测神的诞生的标志，显而易见，一些石器已经超越了单纯的工具性。

以此为转机，日本列岛在距今一万多年前进入了新的文明阶段，也就是绳文时代。旧石器文化中已经出现了装饰性，绳文时代的石器和土器体现出的这一特性更加显著。绳文时代中期的代表——火焰陶器,虽然我们还不能明确它是如何使用的,但它已完全脱离了实用性。

另外,绳文时代出现了更为直接的抽象的物象,比如经常出现在绳文土器上的蛇(蝮蛇)、野猪、青蛙等。许多专家指出,这些动物形象并不是对动物的写实刻画,而是一种神圣的象征。说到神圣性的表现,绳文时代数量庞大的土偶才正是这一抽象的表达。关于土偶的制作目的,可谓众说纷纭,不过在其代表神圣之物这一点上各方观点大致相同。

5. 独立的死者世界

关于绳文时代的精神文化,在与送葬有关的考古学研究中,学者们从死的观念这一点也提出了许多饶有趣味的见解。特别值得注意的一个现象是,在绳文集聚部落里墓穴是与住所分离的。

绳文时代的住所采用以广场为中心的环状村落的形态,广场的中心就是墓穴。中央是埋葬死者的坟墓区,周围是生者的住所,这就是绳文村落的基本形态。但是,从距今约4000年前的绳文时代后期,这一形式开始发生变化。墓穴从集聚部落中脱离,形成了独立于日常居住地的场所。东日本常见的环状石群正是其中的典型。

如何解释这一现象,专家们仍然意见不一,普遍认为这标志着生者的世界与死者的世界被清晰地划分开了。(佐佐木藤雄,2002)

在此之前,绳文人认为,死去的人是终止了活动的人。他们不认为在死者的身体之外还有某种继承了死者人格的存在。如同年轻人经过入门仪式成为共同体的一员一样,死者也要经过脱离共同体的仪式——葬礼,然后被埋葬在与曾经生活之地处在同一空间的聚集部落中心的广场。幼儿死去后则被埋葬在住所内等更近的地方,并且被装殓在如同母胎的棺椁里。由此可见,当时的人也许相信死者会以新生儿的形式复活(冈村,2002)。这样一来,生者与死者就在同一个空间生活,在同一个世界呼吸着同样的空气。

大汤环状形石(秋田县鹿角市)

与此相对,把墓地从聚集部落中分离出去这一现象,说明人们广泛地认识到,死者的世界与生者的世界性质并不相同。生者聚集成共同体共同生活,而死者也有自己独立的空间,在那里过自律的生活。于是,生者便定期到墓地为在那里生活的死者即祖先的灵魂举行祭祀。最终,人们形成了这样一种观念,那就是祖灵居住于墓地,并定期接受祭祀。

6. 从祖灵到神

那么,究竟经过怎样的过程,一部分死者的灵魂才能成为神呢?思考这个问题之前,我们有必要先明确绳文时期的神是怎样的。

在日本列岛上,是什么使人们最初感受到超越日常生活的灵异——神的存在呢?可以断定,和世界其他地方一样,神是当人们在面对人类无法理解并无能为力的自然现象时所产生的一种观念。《古事记》《日本书纪》《风土记》等日本列岛最初的文献里记载了大量的神，其中多半是人们在动物和自然现象等身边的现象中所发现的神的踪迹。

对绳文人来说，日月交替、电闪雷鸣、种子发芽及成长等各种现象都是神的所为。甚至从怀孕到生产这一从无到有的过程也超越了人的认知。某些动物拥有的超人能力也会被认为是神的特性。人们甚至也看到了让人畏惧的巨石、大树的神力。

最初神与被视为神的对象是一体的，比如，萌发出新芽的芦苇的生命力就是神；又如，鳄鱼、鹿、白鹭这些个体本身就被认为是神。绳文陶器上的蛇、野猪等也是神。

不久，神的观念发展到了另一阶段。人们不再想当然地把看到的事物和现象当作神，而是把引发某些事物、现象的背后的根源力量视为神，并把神和被视为神的具体对象分离，神从此被认为是一种更抽象的存在。

神的具体名字——如“火神”“山神”——的词尾“神”，以及被称为“魂”的都是这种抽象存在。“魂”不仅是指“稻魂”“木灵”这样的植物的灵魂，动物和人类的灵魂也可以叫作“魂”。“魂”可以说与寄主不属于同一次元，尽管对寄主有影响，但不会被束缚在寄主固有的性质里。

当然，尽管诞生了这一新的神的概念，但把某一对象直接当作神的做法并没有立刻消失。日本武尊遇到的伊吹山神的形象就是一头白色的野猪(《古事记》)。《常陆国风土记》(行方郡)中，蛇作为夜刀神登场。但是，随着祭祀礼仪的逐渐完善，神的观念变得一般化、抽象化。

如上所述，绳文时代后期，普遍出现了住所与墓地分离、死者的世界逐渐独立等情形。也就是在这个时期，日本人开始制造出心形土偶、遮光器土偶等明显与人类形态不同的土偶。这些高度抽象的土偶的出现，标志着神摆脱了具体事物和现象，逐渐成熟。从环状石群遗址中出土了大量土偶等祭祀用具的例子中可以看出，从绳文时代的某个时期开始，人们对超越人类的世界、不可视的死者世界的认识急速发展起来。

二、绳文时代的神与弥生时代的神

1. 无法描绘的神

进入弥生时代后神的抽象化得到进一步发展。和绳文时代相比，弥生时代最大的特征就是偶像的消失。绳文时代的抽象表现是以土偶为特色，绳文时代大量制作的土偶，弥生时代已经几乎见不到。不仅是土偶，弥生时代还缺少象征神圣的广义上的神像。

那么，弥生时代如何表现神的形象呢？事实上，弥生时代描绘的并不是神的姿态，而是神的象征性乃至神的意象。

弥生时代的陶器和青铜器上装饰着各种各样的画或图案，但没有一个能让人联想到其描绘的是神的形象。取而代之的，是许多祭神的萨满的形象，还有高桩承台式建筑，以及被视为神灵依附体的树木等，让人联想到那是祭祀场所。

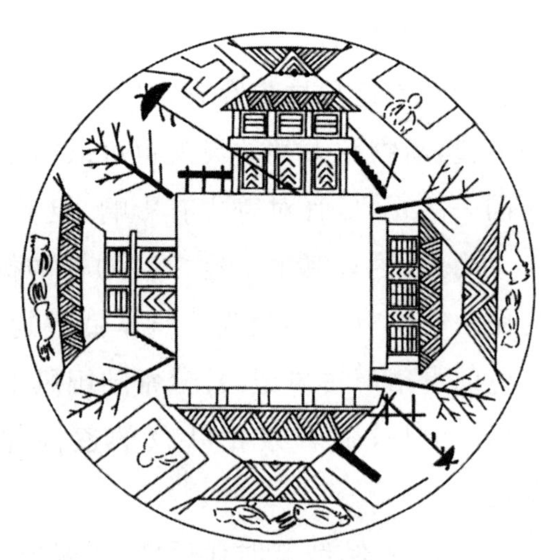

画在铜镜上的弥生时代的住宅

辰巳和弘画了一张日本弥生时代的住宅图，见右图。

就弥生时代住宅图中的

四个建筑物来讲，上方的高殿右侧描绘的图像是降临到这个建筑物的神的形象(辰巳，2009)。另外，寺泽薰认为，在“邪视文铜铎”和“人面陶器”上描绘的人面是祖灵，也就是神(寺泽，2000)。虽然不能完全否定这样的解释，但事实上也没有能明确支持此断言的证据。即使那确实是神像或祖灵，也不能说是普遍的例子。事实上，弥生时代实际描绘的神太少了，以至于许多人硬要把那些也视为神像。

从弥生时代到古坟时代，日本人制作了大量的陶俑，其中有呈现各种姿态的人物形象。这些人物像中大多是侍奉去世君王的文人、武人以及养鹰人、农夫等从事各种职业的人，还有大量被视为祭祀神的萨满巫师的陶俑，但其中并没有直接表现神本身的形象。比如，作为弥生时代代表性遗物的铜铎也并不是神圣性的表象，而是祭祀用的道具。

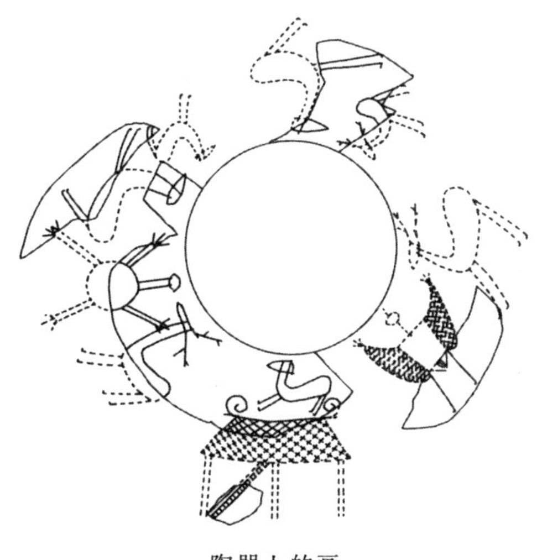

陶器上的画

尽管弥生时代有祭神的人和祭祀的道具，却看不到神的影子，也没有像绳文时代那样直接用土偶来表现神圣性的物品。弥生时代似乎是神消失的时代。

2. 萨满的职能

绳文时代仍是神和一些特定现象紧密联系在一起的时代，太阳和月亮、蛇和野猪本身就是神。人们甚至认为，怀孕和生产等具体事件也是神的作为。在当时的人看来，土偶本身就是个完整的个体，其背后并不存在着不可见的灵魂。

但是从绳文时代后期开始，人们不再把这样特定的个别事象视作神，而是逐渐把背后引起这些不可思议现象的力量视作神。由于被称作“灵魂”等的抽象性存在的事物不可视，所以没有以雕像或绘画的形式展现。取而代之，人们描绘出了祭神的萨满。同时，作为神的象征或是所谓神附体的祭祀殿堂和树木等也相继出现。

在弥生时代，日本人制作出一种叫作“木偶”的小介子形状的雕像，这并不是绳文时代的土偶那种抽象存在的形象化，而似乎应将其看作神的附身。就算从外观来看，与其说那些没有明显眼睛、鼻子的棒状木偶是神的表象，倒不如说它们是神的宿主更贴切。

随着这种“看不见的神”的观念不断成熟，从弥生时代到古坟时代，典型的祭祀神的形式是“祭祀时从木头和岩石中请出神，祭祀完后再把神请回”。这是一种不需要固定神社的祭神形式，代表性的遗址有冲之岛遗迹（福冈县）、三轮山祭祀遗迹、天白磐座遗迹（静冈县）等。

三轮山的半山腰和山麓以及能够仰望山的地方都零星分布着祭祀的遗迹，因为当时不在山上设置固定的祭祀场所，而是在能看见山的地方设置临时设施，在祭祀时把神从山上请下来。在被神宫寺河三面环绕的圆锥形小山上，并列着两块高度超过五米的巨石，这便是天白磐座遗迹。从古坟时代前期开始，人们多次从该磐座中请出神灵并进行祭祀。（辰巳，2006）

古坟时代以前，神绝不是被遥遥祭拜的对象，人们往往将神请来，近距离地聆听神谕并向神诉说，这些是那时祭神的基本形式。

3. 土偶的去向

以上叙述了从绳文时代到弥生时代日本人神观念的变化。当然，要想对绳文时代和弥生时代有关神的观念作出明确区别却绝非易事。

进入绳文时代后期，日本人制作出了高度抽象的土偶，但另一方面也做出了一种被称作“合掌土偶”的土偶，其姿势仿佛在做祈祷，这就是矶前顺一命名的“屈折像土偶”这一类型（矶前，1994）。虽然不明确制作这类土偶的目的，但有人认为，这更直观地表现了集体祭祀时祈祷的姿势。（原田，2009）

合掌土偶

如果这一类土偶表现的是祈祷的姿势，那么它还说明了一个很重要的问题：土偶本身曾是抽象的表达，因此被视为礼拜的对象。与此不同，在此它表现的是对其他抽象性存在具有的推动作用。由此，让人联想到土偶以外另一种更具抽象性、更为神圣的存在——神。这一改变同时说明，神与个别事象密切相关的阶段已经结束，随之进入了一个新的阶段，人们开始认为，神是存在于现象背后的无形力量。

另外，在从绳文时代到弥生时代的转换期，日本人制造出一种中空形态的容器型土偶，专门作藏骨之用，而事实上一些此类容器中也确实遗留有骨头。在集团墓地中出土了很多成对的男女的土偶。原田昌幸认为，这种现象证明了绳文时代用于祭祀的土偶变成了弥生时代用于葬礼的道具。（原田，2010b）

随着不可视的神的观念的成熟和新的信仰的蓬勃发展，我们可以发现，绳文陶器——土偶丧失了其原本作为祭祀对象的功能，逐渐变成了祭祀的手段和送葬的道具。

4. 神祇信仰的起源

如果有关神的观念的成熟和转换发生在绳文时代后期到弥生时代的假说成立，那么对当今日本有关神的一些普遍认识无疑要进行大幅纠正了。

现在也经常听到这种观点，即神道是日本太古以来传承至今的、日本固有的民族信仰。如果问他们“太古究竟是什么时候”，或许他们会回答“是从稻作出现的弥生时代开始”吧。正如同天孙下凡的主角琼琼杵神是拟人化了的稻魂，日本的神大多使人联想到他们与水稻的密切关系。以新尝祭为代表的神祇祭祀中，水稻也是不可缺少的道具。在强调“神与水稻密切联系”的基础上，“神道是从弥生时代以来稻作文化传统中发展而来”的观点诞生了。

与上述观点不同，近年来另一学说的影响力也不断增强。这种观点认为，应从绳文文化中寻找日本文化和日本神的起源。尼力·瑙曼曾在其专著《山神》中批判了柳田国男把农耕民信仰与山神相结合的观点，认为山神应该是在农耕社会之前的狩猎民的信仰对象（瑙曼，1994）。他还认为，日本的神并非起源于弥生文化，而是扎根于绳文时代的狩猎文化，同时批判了从祖灵信仰这种单一角度理解山神的做法。瑙曼的观点具有重要意义。另外，他还提出，应将农耕民信仰的山神定位于狩猎民信仰的山神与稻作民信仰的山神之间。这一点颇有启发意义。

瑙曼之后，柳田国男主张的山神与田神更迭说依然占绝对优势地位，而瑙曼的学说在经过修正后，也逐渐因得到佐佐木高明等民族学者的支持而得以流传下来。（佐佐木高明，2006）

上述观点获得广泛支持始于20世纪80年代，当时梅原猛等认为绳文文化是日本文化的原型，并更加关注绳文文化。梅原认为，日本文化延续至今，造就这一文化的并非弥生时代的农耕文化，而是比其更早且经历了更为漫长岁月的绳文时期的狩猎文化。狩猎文化中蕴含的有关生命循环以及“和”的思想，长期在社会生活中发挥作用并形成了日本文化的基础。梅原主张，在高度发达的产业社会举步维艰的当下，应该重新观照绳文人的智慧。（梅原，1994）

但是，根据留存至今的民俗事例，主张山神信仰和磐座祭祀源于绳文社会的见解，不论是在理论方面还是资料操作方面都取得了飞跃性进展。另外，将绳文时代和弥生时代明确区分，将两个时代的信仰内容归类，这种方法也很难找出客观而明确的根据。我们首先要做的，不是根据后世的资料和事例类推过去，而是利用那一时期的资料尽可能复原当时的社会文化。关于绳文时代和弥生时代的考古学知识日益丰富，过去时代已与今天完全无法比拟，因此这一方法变得更加重要。

综上所述，从距今4000多年前的绳文时代后期，日本人关于神的观念有了新的飞跃。神不再是某一具体事物或现象而变得抽象化。这种变化体现在，进入弥生时代后，神作为一种不可视的事物扎根于日本社会。日本列岛神的观念虽然与狩猎采集、水田农耕等社会结构的变动紧密相关，但同时也超越了时代，不断获得发展。

三、被记忆的灵魂

1. 化身为神的灵魂

如前所述，从绳文时代后期到弥生时代，灵魂从肉体中独立且不死的观念不断发展，这与神的不可视化与抽象化有关。随着这种转变，灵魂的抽象性也不断增强。

然而，尽管神和灵魂同质，但也并不意味着所有人与物的灵魂都可以无条件地化身为神。普通人的灵魂从身体脱离后，人们可通过送葬仪式使之稳定、净化，这些灵魂会随着时间流逝，慢慢被人们忘却。要成为影响世世代代的人们的特别的灵魂——神，就只能等待那样一些人物的出现：他们或是身居特殊地位，能够深深地刻在共同体所有成员的记忆中，或是曾经因重要事迹而名垂青史。能满足以上条件的人物首先是首长或司祭者，特别是被定位为氏族或共同体始祖的这类伟人。

根据《古事记》《日本书纪》的记载，某些氏族是动物的子孙，某些族群与动物混血。为了寻找遗失的鱼钩来到海神之都的火折尊，与海神的女儿八寻鳄鱼（丰玉姬）结婚，两人所生的孩子就是日本的初代天皇神武天皇的父亲鸬鹚草葺不合尊。这正可附会地说明天皇世代流淌着动物的血。

据《古事记》记载，活玉依姬得到三轮山的大物主神临幸后生下一子。三轮山神的原形是蛇，所以她的孩子继承了神的威力，于是从活玉依姬开始的氏族族谱就形成了。记纪之外也有许多类似的故事。《日本灵异记》上卷《娶狐妻生子记》中，三乃国的狐直继承了狐狸的血脉，因此这一族涌现了许多拥有异于常人的手腕和奔跑能力的人。

始祖是继承了动物能量的神的后代，这一始祖观的成立，象征着自然神和祖灵的融合而形成的祖神——人格神的诞生。

2. 国王之墓的诞生

弥生时代统率部族的首长最初具有如同贯通神与人的萨满一样的很强的能力。在崇神天皇的时代，三轮山的大物主神对祭祀的要求是，祭司必须是他的儿子大田种子。在弥生时代，祭祀神对维系共同体最为重要，担任这一职责的萨满也就理所当然地拥有极大的权威。弥生时代的绘画和陶俑中，萨满的频繁出现就反映了这一状况。

另外，进入弥生时代中期，与宗教的灵能者相比，世俗权力者的地位逐渐上升，这起因于为实现部族统一和国家建设而进行的战争和海外交涉。随着武力战争和政治交涉愈演愈烈，要求部族首长具有高度的政治判断力和随机应变的军事能力。最终，掌管军事和政治的首长具有的权威急剧上升。在此背景下，北九州地区在公元前 2 世纪产生了有大量青铜器的可称之为“国王墓”的坟墓。（常松，2006）

在北九州地区，从公元前后，实力强大的部族开始积极吞并周边部族。实力强大的部族很快发展成小国家，之后又逐渐诞生了将这些小国家统一起来的中型国家，并开始向中国朝贡。这样的国家遍布列岛各地。

随着部族不断统合，国家的支配领域不断扩大，王的地位也不断上升。随着王的地位愈来愈高，其对于周围人的影响力也越来越强。弥生时代后期，出现了实际存在过、死后也会一直留在人们记忆里的人物，他们取代了远古神话中的部族始祖。最直接的痕迹就是从 2 世纪开始西日本各地出现的大型坟丘墓。

经历了这样的过程后，“被记忆的死者”终告诞生。

第三章 “寄宿”于前方后圆坟

一、箸墓事件

1. 前方后圆坟的出现

公元3世纪中期，在奈良盆地的一端发生了一件划时代的大事件，那就是巨大的前方后圆古坟箸墓的建造。前部方后部圆这种形态的古坟在箸墓出现以前并非不存在，但与那些古坟相比，箸墓全长达280米，其规模之大相当罕见。箸墓的诞生，拉开了日本列岛长达300年的古坟时代的序幕。

箸墓位于奈良盆地的东南隅，这里是自古以来被称为“大和”的地方。

> 大和国真是个好地方，绵延的群山像屏障一样，大和国就掩映在这群山之中，太美丽了！（《古事记》）

疲于远征而中途病倒的日本武尊想起了自己的家乡“大和”，于是吟咏了这首和歌。箸墓的三面被碧绿的群山包围着，仿佛被群山抱在怀里。它附近如同山水盆景一样的风光时至今日仍可成为很多日本人温暖乡愁的诱因。

箸墓(背后的丘陵是三轮山)

奈良盆地历史悠久。据《日本书纪》记载,公元前660年,初代天皇神武天皇从九州的日向出发,长驱直入到达奈良,在橿原即位。自此直到平城京建立,大部分天皇都在奈良盆地建造宫殿。

战后大多数的历史研究者对于神武天皇等初期的天皇们的实际存在持怀疑态度。可是,由于受到记纪文学的记述的影响,“奈良自太古时代起就占据了日本列岛中心位置”这一印象在国民当中固定了下来。到了3世纪,先于其他地域,奈良盆地开始筑造以箸墓古坟为代表的巨大的前方后圆坟。无疑,这是弥生时代以来逐渐积累的先进技术和文化蓄积的结果。

不久,这一“常识”遭到学界的根本性质疑。其根据是,据考古学的发现,奈良盆地直到弥生时代都绝不是发达地区。从奈良盆地出土的金属器、镜子等代表弥生时代最先进技术的遗物来看,其技术水平并不高。这一技术水平不用说和北九州相比,就连和周边的近江、吉备等地区相比都相形见绌,直到很晚才普及了基本生产工具——铁器。弥生时代,以奈良盆地为中心的地区根本不是日本列岛的文化中

心，当时的文献中提到该地区有“畿内贫困”这一说法，说明那里是一片人口稀疏的落后地区。（森，1962）

3世纪的前方后圆坟，尤其是箸墓古坟，是突然出现在边境的巨大遗迹。大和（即畿内）是当时日本列岛的发达地区，恰巧在这一地区出现了巨大的前方后圆坟，这也正是大和朝廷建立的基础。随着发现该地区的边缘性，这一观点被彻底颠覆。

尽管如此，到底是谁建造了箸墓古坟？为何要选择缠向这一地方？其目的又是什么？至少有一点是可以肯定的，那就是有着巨大坟丘的前方后圆坟的建立显示了被葬者有别于其他共同体成员的显赫地位。关于这一点，从人神观念的角度看，也是相当有趣的现象。

接下来我们一边思考这一问题，一边探讨当时建造前方后圆古坟的人们的精神世界吧。

2. 前方后圆坟的起源

在3世纪开始建造于缠向的前方后圆坟群里，最大的是箸墓古坟，它也是初期的前方后圆坟的代表。无论在形状上还是在规模上，箸墓都明显区别于此前的坟墓。

为何这种具有独特形状的巨大古坟会突然诞生？很多历史学者和考古学家为了求得这一谜题的答案，不断进行着研究。对于这一疑问，估计无论是谁首先浮现在脑海中的答案都应该是：也许拥有前方后圆坟文化的外来入侵者定居在了奈良盆地。过去，“骑马民族”从大陆进驻日本列岛，建立了新的统治王朝，这曾经成为热门话题，也为以上说法提供了很好的理论框架（江上，1967）。由于人们信奉神武天皇真实存在论，之后又确实存在与神武天皇同样有实力的王，于是这些有神威的人从发达地区的九州地区进攻奈良，并在此建立了新的都城——这一假说深得人心。

可是，这种外来王朝说中有一个关键问题，那就是就前方后圆坟这一墓制而言，不用说日本国内，即使朝鲜半岛或中国大陆也几乎不存在。为此，研究者关注的就变成这样一个问题：即使不存在作为先例的前方后圆古坟，那么是否存在与其具有部分相通要素的墓制呢？带着这种疑问，研究者的关注点集中到箸墓的起源。最后，调查结果锁定了自古就拥有独特的文化而广为人知的吉备地区（现在的冈山县）。

沿着坟的等高线，人们往往摆放好几层土俑。其中使用最多的是兼有固土作用的圆筒形土俑。其中特殊类型的器台型土俑的起源就是在吉备古坟中使用的土器（寺泽，2000）。吉备地区的人们从弥生时代后半期开始建造大规模的坟墓。其中的楯筑古坟（仓敷市）圆坟直径达 40 米。它的前后都附有方形的突出部分，甚至有研究者把其看作前方后圆坟的原型。这里考古学上的遗物也很丰富，都是先于奈良盆地繁荣起来的先进地域。始于箸墓的前方后圆坟明显地继承了这种古坟的传统。

可是想要用吉备古坟的系谱完全说明箸墓这一问题，却又明显不可能。在拥有箸墓的缠向地区，有大量从吉备以外的其他地域移入的文物。在缠向遗址，出土了从西日本到东海范围的特色丰富、样式多样的陶器。前方后圆坟是在各地传入的技术和传统的基础上，对其进行统合和再编之后创造出的一种全新文明的产物。（北条芳隆，2007a）

从外部新移居到奈良盆地的人是创造前方后圆坟的中心人物，众所周知，他们铸造前方后圆坟的同时，也在修建运河、道路以及大规模的都市。从缠向遗迹的多样性我们可以推测出，这些移民并非出自某一特定地域，并且我们也看不出他们在移居时和原住民争斗的痕迹。移居者们人口稀少，开拓也不顺利，又考虑到用水的便利，于是他们不动声色地将自己的居住地定在了位于三轮山麓的缠向。与此同时，他们重视与原住民和谐相处，充分运用当时土木技术的精华开展大规模施工，建造了都市和巨大的坟墓。

3. 被葬的神之妻

这些活动为什么会产生？其中一个原因是：先于日本列岛的其他地区，如北九州首先开始了以建设国家和实现统一为目标的运动。今天，在博多湾岸广阔的福冈平原和早良平原，伫立着许多足以被称为"王墓"的气派的坟墓。这些坟墓建于弥生时代中期，其中埋藏着很多陪葬品。不久，这一地区诞生了将这些小国统一了的核心国家，它的国王开始向中国王朝朝贡：公元 57 年，奴国王向后汉朝贡；公元 107 年，倭国国王帅升给后汉进献了 160 名奴隶。

因为北九州是发达地区，在奴国等核心国家主导下，北九州国家联盟沿着濑户内海向东扩大其支配地域的影响力。在这种紧张的氛围中，战乱时代就此拉开帷幕，在《魏志・倭人传》中被称为"倭国大乱"。以濑户内地域为中心，重视战斗和防御性的高地性集落诞生了。

从经历了战乱的 2 世纪后半期开始，在西日本各地出现了具有独特形状的大型坟丘墓。如吉备地区，从弥生时代后期开始，人们就建造了许多大型坟丘，如被视为前方后圆坟原型的楯筑古坟（仓敷市）等。2 世纪后半期，在出云地区，人们逐渐开始建造具有突出的四个角、被称为"四隅突出型方坟"的大型坟丘。另外，在近畿地区，有着低低的坟丘且周围被沟环绕的方形周沟墓类型的坟墓，其规模不断扩大，不久便推广到各地。

无论哪一种类型的坟墓，大型坟都会长达数十米，显示了被葬者超凡的权力。我们可以看出，各个地区的王者在经历战争这一非常事态后，其权力得到极大强化。然而，经济发展先行的北九州因其有利的地理位置，几乎可以独占朝鲜半岛的先进文化、技术以及铁等资源，可谓占尽优势。此外，它独占大陆王权（后汉）对其正统性的认可。

为了打破北九州势力的垄断，需要一个果断大胆的策略，那就是所有有实力与之对峙的地区合作建立一个新国家——大和。在这种历史背景下,西日本各个地区向缠向移民,建设首都,并建造巨大的前方后圆坟。

经历了以上过程,新国家初具形态,人们还推举出其首长。新国家最初的首长与其说是特定地域的王,倒不如说是一位各地区都毫无异议、没有政治利害关系的人物更为合适。弥生时代以后,如果考虑到担当祭神事务的萨满在共同体运营方面的重要性,具有杰出灵能力者就任共同体首长的可能性最大。

《日本书纪》记载,埋葬在箸墓中的是三轮山神——大物主神之妻倭迹迹日百袭姬命。关于当时筑造箸墓,书中记载:“白天人在建,夜晚神在建。”而且,人们列队从盆地两侧的大阪山通过接力的方式徒手搬运石头,暗含了建造的箸墓是各部落和谐之象征的意义。此外,被葬者是神之妻的传说,也反映出当时的人们相信初代首长是可以与神对话之人。

另外,根据最新考古学成果,学者们对箸墓的建造年代(3 世纪半)进行论证,认为该坟墓很可能是邪马台国女王卑弥呼之墓。239 年,卑弥呼派遣使者朝贡魏明帝,得到了“亲魏倭王”的称号。这使女王意识到了与北九州的对峙关系、认识到了外交的重要性而开始采取行动。大和国进行了一连串争夺外交权的尝试并最终奏效。由此,4 世纪同朝鲜半岛交涉的外交主体开始从过去的北九州政权转变为畿内政权。另外,同时期出现在玄界滩的冲之岛祭祀,并非始于九州政权,而是始于畿内大和政权。(熊谷,2001)

3 世纪后半期也是北九州开始建造前方后圆坟的时代。以大和为中心席卷整个列岛的权力重组的漩涡,逐渐波及曾是权力和文化中心的北九州地区。

二、为何建造巨大的古坟

1. 共有神的条件

当来自各个地域的移民需要某一个归属于同一共同体的象征时，为什么这一象征必须是巨型坟墓？要回答这个问题，我们有必要把关注点从前方后圆坟移开，转而去关注先于它存在的共同体。

就像青森县三丸内山遗迹所代表的那样，绳文时代的日本列岛上就已经形成了很多聚集部落。随着聚集部落规模的扩大以及共同体构成成员的增加，需要一个体制来统合大家，能够统合大家的关键就是超人类的存在——神。

众所周知，整个绳文时代土偶在不断走向大型化。有人认为，其原因是由于最初土偶在以家庭为单位的小规模祭祀中使用，而其后逐渐开始在以共同体为单位的较大规模祭祀中使用。（原田，1995）

另外，到了绳文时代后期，墓地从居住地分离出来，出现了著名的埋葬及祭祀场所——环状列石。这一现象在日本列岛各地都能看到。从环状列石的遗迹中曾出土过土偶等大量祭祀用具。自绳文后期开始，日本人对超人类的"神"的认识急速膨胀。人们与神共生，将祭祀活动作为划分日常生活一个个部分的节点。

一直到绳文时代前半期，神与那些被视作神的对象是一体的。就像本书第二章中叙述的那样，有着特殊能力的动物或土偶本身就是神。然而，经过绳文后期进入弥生时代后，人们对于神的认识有了进一步发展，即从把某个事物或现象直接地视作神发展到认为神是存在于种种现象背后并引发其出现的神秘力量。神与被视为神的对象相分离，开始被视作更加抽象化的"魂""神"等。

弥生时代，已经不存在用土偶直接表现抽象神之形象的情形。取而代之的是，人们逐渐通过巫师或者魂灵依附物的树木等能联想到神的事物间接地表现神。此外，铜铎等祭祀神的道具迅速发展。由此推定，神不可视的观念日渐发展起来，神观念的一般化、抽象化在稳步推进。

在弥生时代群起的小国家中，人们形成的这种神的观念及其祭祀活动在维持集团秩序方面功不可没。垄断神明旨意的权力是支配权力的基础，能与神对话的巫师拥有巨大的权威。最后，小国被兼并，新兴国家的国土范围不断扩大，以往各集团所信奉的祖先神、守护神已经不足以成为新兴国家所信奉的神灵。随着国家领域的扩大，被收归到新兴国家势力范围内的集团数量逐渐增多，神灵的多样性也逐渐增强，为了维持安定的秩序，需要的是能够震慑所有集团，拥有更普遍、更强大威力的神。聚集在位于三轮山麓的缠向地区的人们所寻求的，正是这样全新的神。

2. 古墓:神之住所

如何能创造出能被来自不同集团的成员所共有的神呢？在探索这一问题的答案时，我们发现他们是将某一留在所有共同体成员记忆中的人物供奉为神。而且，前方后圆古坟的构造正是为这类神的诞生做了很好的铺垫。

如前所述，在日本列岛，最晚从绳文时代开始人们就相信了神的存在。自古以来，人们就把从家乡远眺到的形状规则的群山视作神的居住地。神居住在山里最重要的原因是因为那里是一方净土。因此，在死者的魂灵中，只有那些实现了完全净化特别是具有威力的灵魂才被视为神住留于山中。

到了7世纪末，根据律令国家的政策，古坟时代建造的特定坟墓（山形的坟丘）被仿造成历代天皇的坟墓。正如把天皇陵称为“山陵”一样，当时社会普遍认为神栖于山，人们人为地制造出一种观念，即

“作为神之天皇灵的居住地即是山”。

在神观念的发展过程中，前方后圆坟祭祀究竟该被如何定位？如果实际站在古坟前，人们就能切身感受到，后部呈圆形的巨大坟丘就是一座山。事实上，在律令时代，前方后圆坟被仿造为山的形状，作为守护神的天皇灵即神的归宿之地。大场磐雄指出，若据“死后的世界在清净的山中”这一上代人的观念，山和前方后圆坟有共通之处。（大场，1991）

3世纪定都于缠向的新国家，需要一种较此前的部落神、祖先神更为强有力的神作为统一的象征。而通过建造人工山并把它作为举国公认的威力强大的神的栖息地似乎可达到这一目的，前方后圆坟就是在这种动机下建构的。这从前方后圆坟的祭祀与同时代神祭祀形式十分相似这点便可以得到证实。相传从弥生时代末期到古坟时代，人们往往在山上或岛屿上等特定地点，把石头或树木作为神灵附体，进行招神祭祀活动。其遗迹被称为“磐座”或“磐境”等，至今仍可散见于列岛各地。

曾有学者指出，当时，冲之岛的神灵祭祀和前方后圆坟的祭祀，无论是祭祀的形式还是使用的祭具都具有共通性（冈崎，1961）。在三轮山也存在同样情况（太平，2007），并且，前方后圆坟祭祀的对象与冲之岛、三轮山的祭祀对象属于同一范畴的神。就好像应对前方后圆坟的建造及其祭祀形式的固定，在此之前，作为畿内祭神的主要道具的铜铎被大量遗弃。

3. 前方后圆坟的祭祀对象

那么，前方后圆坟中祭祀的神到底是什么呢？考虑到后面圆形坟墓里和很多副葬品一起厚葬的遗骸，我们自然地会认为其是死者的魂灵吧。

大和的人们推举一人为王，并将其作为新国家的象征。他们希望这个人是超越了各种政治利害关系的宗教人士。然而,正因为基于神授超凡能力的统治依存于人的肉身,所以这样的统治绝不会安定。事实也确实如此,卑弥呼死后,争夺政治主导权的内乱爆发了。如果大和作为一个国家在外交及军事层面的活动正规化,那么必然会增强世俗权力掌控者的存在感,导致支配层内部的政治斗争频发。为了避免这些问题,必须构建一种不依赖于卑弥呼这样具有超凡能力的个体也能维持长期安定的统治体制。经历了这样的过程,对于大和王权来说,最重要的课题就是创造出能够成为共同体全员象征的绝对性存在。

从弥生时代开始,就已有日本人尝试将现存的人尊为神。弥生时代中期,日本人在各地建造了大型的首长墓。在山阴地方和冈山(吉备),从弥生后期开始,首长墓从集团墓地中分离并趋向于巨大化。与此同时,这些首长墓逐渐建造于视野开阔的山脊或山顶处(北条芳隆,2009)。这些都明确显示,死者的世界也开始根据其生前身份的不同而沿上下垂直方向出现层次区分,而这些也是与世俗的权力集中于特定人物、小国家不断成长的过程相呼应。据此我们可以得知,当权者死后也被视为特别的存在。(松木,2007)

我们并不了解在那一阶段被埋葬于那里的首长是否可获得与既有的神同等的对待。然而,在埋葬死者时把首长葬于所有死者的最上部,同时按照等级进行垂直分层区分,这样的世界观与前方后圆坟所展示出的世界观有异曲同工之处。在山上建筑坟墓这一尝试也值得关注。受到吉备古墓直接影响的缠向古墓群,尤其是其中最为突出的箸墓,受到弥生时代后期坟墓新动向的影响,在规模方面远远超过此前的古墓。不仅如此,从观念方面来看,把首长灵当作神来祭祀的意图也初见端倪。

4. 坟丘是人工山

考古学家指出,尽管建造了古坟墓,祭祀活动却没有持续进行下去。如果栖于坟丘的是神，那么为什么古墓祭祀没有持续下来呢？接二连三地建造新的首长墓的理由又是什么呢？

在考察了与前方后圆坟同时期的冲之岛、三轮山等祭祀遗址后，我们发现，当时这些地方的人们并未建造大规模社殿。每次祭祀时，他们只将磐座或树木作为附体童子进行祭祀。神既无法现身，也没有固定的住所。对于部分神而言，自古就是与磐座等一起接受村落的集体祭祀。即便这样，神并非常住社殿，基本只在祭祀时期或某个期间来访村落，祭祀一结束他就会消失得无影无踪。

一直“居无定所”的诸神常住于社殿这一观念普及的主要契机，源于神开始接受律令国家的祭祀（冈田精司，1992）。7世纪后半期开始，以天皇为中心的集权国家开始形成，都城作为天皇永久居住地趋于完善。与此相应，人们也开始在神的世界构建以天皇家族的祖先神——天照大神为首的诸神的秩序。将古墓按照天皇的谱系进行规整，整顿历代天皇陵的做法也与诸神秩序的再编互为表里。

那些地位低于天照大神的诸神，作为新的王权守护神长期停留在伊势和王城的附近，以守护王权为己任。作为报答，国家为这些神建造了庄严的社殿，并定期举行祭祀，而且还任命了专任的神官，每日为他们提供饭菜。

神社的成立，不是以某一政治或社会事件为契机一举完成的，而是在各种层面上缓慢推进。广濑和雄认为，早在弥生时代后半期，因为对神的居无定所感觉不便，于是人们想到了把神限制于社殿范围中，在四周掘沟或围上栅栏（广濑，2003）。但是，人们广泛接受这种观念应该还是再晚些时候的事情。

7世纪末，随着神的观念逐渐固定，在与王权关系密切的官方神社中，人们形成了这样一种观念，即神常住于特定神殿，守护与其缘分很深的人。天皇灵寄宿于山陵之中守护天皇，天皇灵这一形象的确立，也是新的国家守护神体系创造过程中的一环。

在3世纪开始的前方后圆坟时代，人们还没有形成神宿于特定地点的观念。即使人们都共同认为某个山上有神，也不清楚平时神在何处。人们无法单方面地选择方便的时间与神会面。灵魂一旦脱离了肉体，也不会因为人的努力就长期停留在特定的某处。

就像本书第一章第三节援引和泉式部的和歌所论证的那样，即使是在10世纪，死者固定地存在于某个特定地点的观念仍然没有普及，更别说是6世纪以前了。不管建造了多么巨大的坟墓，在"漂泊之魂""游历之神"观念盛行的社会，想让神安住于坟墓并非易事。

面山屹立的坟丘是由人工建造而成的。对于居住在列岛的古代日本人来说，山才是神停留的场所。建造了箸墓的人们想通过在平地造山，人为地造出魂与神的居住地。在后圆部分的顶部，就好像是为了防止灵魂溜走，当时的人们建造了几层密闭的墓室，在墓室上面还放置了可供魂灵附体的家形陶俑。之后，柱子或树木也被当作附体之物来用。

三桥正指出，在祭祀前方后圆古坟时，人们广泛采用了竖立起柱子的仪式，这有着很重要的意义(三桥，2010)。可以认为，人们是为了把神留在坟丘中而设置了这些柱子和树木。

三、古坟的祭祀形态

1. 持续的古坟祭祀

但问题是，有人指出古坟的祭祀没有持续下去。这难道是说，创造出具有强大力量的守护神并想让其附体于人工山的伟大尝试以失败告终？我们认为并非如此，或许在前方后圆坟时代被安放于古坟的首长灵一直以别的形式接受着人们的祭祀。

如前所述，古坟时代一般的祭神形式是：每到祭祀之际请神降临到特定场所。在祭祀时，神和祭祀者要彼此能听到对方的声音，因此要相距足够近。这一祭祀形式即使在有文字记载的时代依然持续着。我们在《日本书纪》里可以看到这样的记述：苏我氏灭亡后，孝德天皇将群臣聚集到“大槻树”下，让他们对着天神地祇起誓，表示对天皇的忠心。之后国家规模的祭祀，人们每次也都将神请到有神灵附体的圣树等的广场上进行祭祀。（西宫秀纪，2006）

那么，有神居住的神南备山又如何呢？在三轮山的大神神社，是将整座山视为神的。然而将山作为神进行礼拜，即以山为神体的信仰，是近世以来才普及开来的。在当时，山虽然是神的居住地，却并非神本身，祭祀神的活动也是如此。像大神神社那样大型的固定设施也是奈良时代以后才建成的。敏达天皇曾召集蝦夷首长，命令他们在初濑川的河原，面朝三诸岳起誓对天皇恭顺。从星星点点分布于三轮山山腰及山麓的祭神遗址可以推断，当时他们的起誓对象并不是山，而是栖于山中的神。古坟时代祭山并不是直接以山为对象，而是将神请到有神附体的磐座等处进行祭祀。

磐座（福冈市信夫山）

回过头我们再来看一下前方后圆坟的祭祀吧。由古坟时代的祭祀形式类推，人们不可能设置固定场所，对神的寄宿之地坟丘进行遥拜。箸墓的正面设立了用于祭拜的鸟居，而这一设施在平安时代才首次出现，而它的普及则是在幕府末期实施的文久修陵(1861～1864)以后的事。除去古坟时代和律令时代，文久以前从未有过直接祭祀陵墓的情形。(外池，2001)

那么人们在何地祭祀供奉于古坟中的神呢？按照当时普遍的祭祀形式，应该是这样的：国家的主要成员集合在有神灵附体的圣树等地，而此地是中心广场或可以遥望古坟之地，之后请来那些栖息于坟中的首长灵也就是神进行祭祀。即使建造了巨大的前方后圆坟之后，共同体的祭祀形式也并没有即刻发生变化。只是被祭祀的神从之前的部族神、氏族神变为被视作国家新始祖的首长灵而已。

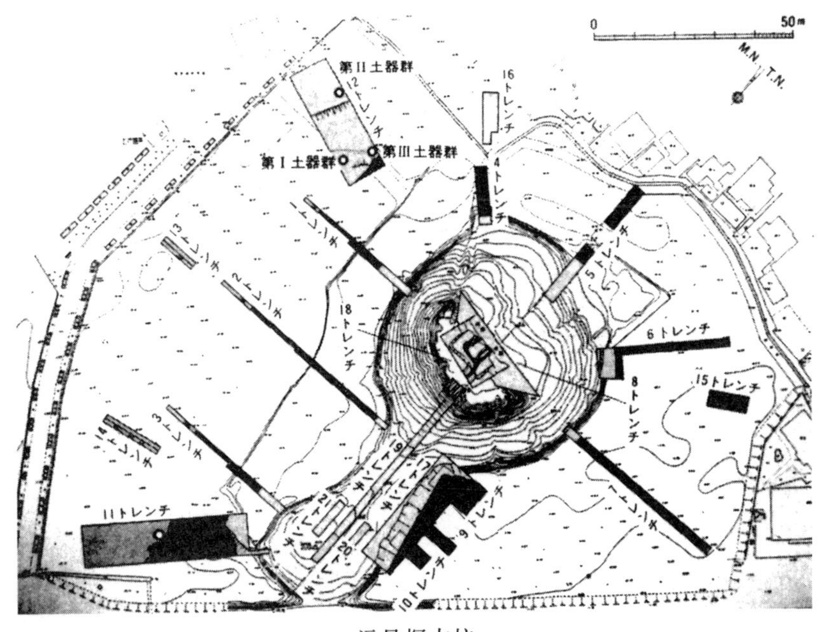

远见塚古坟

位于宫城县宫城野区的远见塚古墓，是古坟时代前期的前方后圆坟，从这一古墓的周围出土了很多用于祭祀的陶师器、石制品(《仙台市文化财调查报告书》,1979)。从挖掘出的陶器种类及缺乏固定祭祀设施等状况,我们可以断定,这是古坟时代典型的祭神遗址。而且我们还可以看出,该古墓建成后,在墓地周边曾长期进行过祭祀。

另外,在缠向的石塚古墓,从前方部和后圆部之间的细长部分,我们发现了用于祭祀的白木柱子(石野,2008)。据推断,这是祭神时神附体之物。

古坟的形式各种各样,古坟祭祀的形式也并非一种。在前方后圆坟四周的壕沟内,常常会发现一些与坟墓相联结的部分,被称为"创造出的部分"或"出岛状遗构"。那是些方形的高台,在那上面整齐地摆放着家形陶俑、人物土俑等。关于其建造目的,目前还存在争议,很可能是祭祀之用。被置于中心的家形陶俑,是祭祀时神灵附体之物。然而无论何处,都没有发现长期保存下来的建筑物遗迹。

2. 前方后圆坟体制

大约在5世纪前后,日本人建造了大型古墓,试图把埋葬者祭为神,把坟墓作为其住处。可是由于受到同时代神与灵魂观念的限制,人们还没有形成魂灵宿于坟墓之中的观念。这是由于把葬于坟墓中的首长灵祭为神的做法尚处于探索阶段。

由于产生始祖神的体制尚未完成,在初代首长执政期内使神诞生的尝试还没有完成,必须反复持续进行。另外,为了弥补体制的不健全,日本人不得不将被埋葬者以可视化的形式展现,而且也需要将埋葬遗骸的坟丘无限放大。

从弥生时代后期开始,日本人在扩大各地区首长墓规模的同时,也出现了将其墓地建在山上并以垂直方向的高低来显示其身份尊卑的倾向。这些做法显示了人们试图把首长的魂灵上升到绝对性地位。在畿内完成的前方后圆坟,设有让神诞生及附体的构造,这一形式得到全国各集团的拥护,因为这符合他们使首长灵绝对化的意图。具有浓重联合政权色彩的大和政权，在其成立初期并不禁止建造前方后圆坟，而是通过广泛普及前方后圆坟，加强对日本列岛整体的影响力。这样一来，基于集团的规模及首长权力，无数不同大小的前方后圆坟的仿制品相继出现。正如都出比吕志指出的，以首长间的互相认同为基础，“前方后圆坟体制”应运而生。（都出，2000）

为了与日本列岛各地建造的前方后圆坟相区别，大和王权的坟墓越来越趋向巨大化，这具有一定的必然性。律令制以前的大王无法独占祖神，只能通过建设规模超大的坟墓，向人们展示其权势。各国大王都动用能支配的一切人力、物力资源建造尽可能大的坟墓的原因概在于此。

3. 古坟文化的衰退

天武、持统天皇之后，快速发展的律令制和神祇祭祀制度的完善带来了天皇地位的重大转变。天皇的皇位已经不单单是世俗身份秩序的顶点，而是自皇祖神以来因具有延续性血统而获得的神圣地位。日本人甚至认为，天皇就是神（现世神）。

天皇作为神的子孙，被天神地祇以及祖先神、历代天皇的灵魂所守护。同时，作为统治日本列岛的国王，被编入了超越世俗社会的诸神的体系中，并逐渐变得有所作为。另外，通过施行陵墓制，天皇一族独占了神代以来的谱系和作为神的统治地位。

至此，日本历代统治者们通过建造巨大坟墓来实现自身权势，同时又希望以权力和权威为台阶一步步上升为神的努力已经无效。每一代天皇倾尽财富和权力实施的大规模的造墓活动完全失去了意义。随着前方后圆坟建造的停止，从7世纪中叶开始出现了大王固有的坟墓——八角墓。与其他首长相比，大王的地位走向特权化，天武、持统朝时期进行的改革更进一步强化了这一趋势。王化身为神不再是以其权力和权威为背景，而是以神代以来的历史为背景，通过介于外部的系统被祭祀为神。

实际上,东亚其他各国也有过建造巨大陵墓的时代,如中国的秦始皇陵、朝鲜半岛三国时代的王墓等。秦始皇是首位统一中国的皇帝,而朝鲜半岛的三国时代是军事局势极其紧张的时代。中国自汉代以后,国家的统治制度逐步完善,皇帝的地位通过法律和仪礼等制度的形式固定下来,这样就不再建造大型的陵墓。朝鲜半岛在统一后的新罗时代,为显示其强大而建造王陵的现象也逐渐消失。

正如都出比吕志所指出的,为把国王供奉为神而建造的大型王陵在国家形成的初期阶段还很常见,而在官僚机构和法律的统治体制趋于完备后,这样的王陵就消失了踪影(都出,2000)。在国王的地位被内置于统治体系并成为国家机构以后,显示国王个性及其权势的遗迹就失去了存在意义。

另外,在巨大王陵出现的时代,无论在日本的哪一个地区,都不存在能够将现世相对化的宗教。不久,随着佛教等宗教的普及,国王在世间的特权地位被剥夺,甚至也被视为被普度的对象。至此,建设巨大坟墓便完全失去了意义。即使在埃及,国王安葬地——金字塔也在缩小,而与之相反,太阳神神殿则趋向巨型化。

第四章　人神与亡灵之间

一、猖獗的亡魂

1. 忌讳遗体的人类

今天很多日本人认为，死者会令人毛骨悚然。不管是多么亲密的人，也没有人愿意与离世之人的尸体待在一起。不仅仅是日本人，对于整个人类来说，死者尤其是死者遗体常常被看作忌避的对象。

人类为何忌讳死者？这是从何时开始的？在动物界中我们并未发现厌恶遗骸的情形，类人猿也是如此。我曾亲眼看到母猿一直守护着其死去的孩子。由此可见，忌讳死者是人类独有的现象。

人们忌讳尸体，一定是出于其发出的恶臭和可怕的外形。然而，我们对于死者的恐惧感明显超过了对其遗体本身的嫌恶。正如古今世界范围内的怪谈那样，肉体消失之后依旧存在的无形的人——死灵，这才是让人恐怖的根源所在。

如果是这样，那么社会上普遍认为人离世后其人格依然存续，就成了使人们心生畏惧的亡灵产生的前提。在日本列岛，这些现象出现在绳文时代。正如本书第一章所述，到了绳文时代后期，日本各个地方都广泛存在这样的现象——死者的墓地与居住地相分离，只是无法用资料印证这一时期人类对亡灵心存恐惧的事实。有人指出，绳文时代的抱石葬、屈葬就是唯恐亡灵活动猖獗而衍生出的习俗。然而，也有很多绳文人将遗体埋在居住地附近或居住地内，这表明对绳文人来说，最亲近的死者应该埋在身边。

从日本的弥生时代开始，中国文献中出现了记录日本列岛生活习惯的史料。《魏志・倭人传》里描绘了3世纪的邪马台国人们的生活情景，如用土为死者筑冢；亡者死后十几日内人们要避免食肉，丧主哭泣，其他人则唱歌饮酒；葬礼结束后参与者均要沐浴等。在当时，人们都要为死者举行殡事。然而迄今我们尚不清楚，其目的是为了与至亲的死者告别，还是为了抚慰恐怖的亡灵？

在把死者当作神来祭拜的古坟祭祀中，我们也无法看出人类对于亡灵的恐惧。通过《古事记》中伊奘诺尊访问黄泉之国的故事，我们可以了解到，在史前的日本列岛，即使人们对于遗体存在隐隐约约的恐怖感和忌讳感，却并不认为人的亡灵具有邪恶的威力。国家的首领或天皇的亡灵是集团中较为特别的个体灵魂，它们并非被当作恶灵而是被当作了神。在日本列岛，在文献史料逐渐丰富起来的奈良时代即8世纪以后，才出现了令人心存畏怖的亡灵。

2. 恶灵的谱系

在8世纪末成书的《续日本纪》中，初次出现了亡灵给生者带来灾难的明确记载。在天平十八年(746)有关玄昉死亡的记录中，我们看到了“他是被藤原广嗣的亡灵害死的”这一坊间传说。人们认为，置玄昉于死地的，是为了除掉吉备真备和玄昉而举兵并败亡于九州的广嗣之亡灵所为。

天平宝字元年(757)七月，孝谦天皇颁布诏书，命令镇压橘奈良麻吕一派的叛乱，同时也惩戒人们假托“亡魂”发布不正当言论的行为。据此我们可以知道，当时流言四起，人们将一切凶案归罪于奈良麻吕的亡灵。

除《续日本纪》，平安时代初期的《日本灵异记》中有如下记载：因被指控谋反，长屋王于神龟六年(729)自杀，其遗骨被流放至土佐国时，瘟疫肆虐，“由于亲王的怨灵，国内百姓都濒死”的流言四布。同样，《日本灵异记》还记载了敏达天皇时代年少的元兴寺道场法师击退化身厉鬼带来灾难的死者亡灵的故事。

12 世纪的《水镜》中记载了天平宝字九年(766)的事件：淡路废帝(淳仁天皇)诅咒国土日光曝晒，大风狂吹，饿殍遍地。由此可见，进入奈良时代，将灾难归结于特定人亡灵的倾向急速增强。

统治者一般对这种动向较为警觉，如前述天平宝字元年，孝谦天皇就下诏将灵异或意外事件与亡灵相关联的言论定为“妖言”，并加以禁止。对在政治斗争中败北者的关注意味着对现政权的批判，而这并不是统治者们所期望的。古代国家重要的权力基础就在于，统治集团能够一元化地单独掌控以神谕、作祟、祭祀等为媒介与阴间进行的交流。人们随便成为所谓“死者代言人”的行为会直接削弱国家的权威性。

然而，到了奈良时代末期，频繁的权力争斗导致亡灵作祟的传言不断出现，且日益猖獗，甚至到了即使强制镇压也无法阻止的地步，既然无法掩盖人们的流言蜚语，国家就不得不采取新的策略。

3. 供奉于“山陵”的亡灵

《续日本纪》宝龟三年(772)八月十八日条中记载：当政者派遣使者重新埋葬“被废之帝”(淳仁天皇)的同时，召集 60 位僧侣为其举行法会，同时派两名“净行”僧人在墓旁举行佛事。宝龟九年(778)三月，此墓被列入“山陵”之列，并开始配置专门墓地管理人员。至此，被孝谦上皇强制废位并葬于简陋坟墓的淳仁天皇，终于享受到了其作为天皇应有的待遇。

宝龟八年(777)十二月，日本当政者改葬了被废黜、杀害的光仁天皇的原皇后——井上内亲王，并封其墓为“御墓”。井上内亲王之墓此后便受到了与天皇陵的“山陵”同等的对待。宝龟八年至宝龟九年期间，光仁天皇的皇太子曾长期患病，久久未现痊愈之兆。据说以此为机，朝廷发现了在政治斗争中死去人的阴影般的存在，便试图恢复被诬陷为反叛者的皇族的名誉，并将其墓地列为与天皇陵地位相同的“山陵”。

对于政治斗争中败北的皇族采取这一措施，无疑是想通过恢复其名誉来消除那些含恨而死的人的怨念，但又并非仅限于此。正如第一章中指出的那样，7世纪末以后，居于山陵的天皇灵和古来的诸神诸佛一起被视为广义上的神。因此，模拟天皇陵建造坟墓，就意味着将死者的灵魂视作与天皇灵同等地位的神来祭拜。桓武天皇的皇太子早良亲王在其被废位后郁郁而终，后被追封为崇道天皇(《日本纪略》延历十九年七月二十三日条)。

经过这样的程序，亡灵的邪恶行径与那些有历史渊源的神作祟就受到了同等的对待。这就意味着，亡灵不再是那些会做出让人无法预测的邪恶行为的存在，而变成了人们只需用对付作祟现象的传统手段便可对处的存在。

《日本纪略》延历十一年(792)六月十日条记录了当时把皇太子的病归为“崇道天皇作祟”，为了抚慰其魂灵，当政者派遣使者到其陵墓所在地的淡路国。同样，《日本纪略》大同四年(809)七月三日条则记载：在烈日下，为了制止魂灵作祟，当政者派遣使者到吉野山陵(井上内亲王墓)清扫陵墓并诵经。消除作祟的隐患以及用佛法进行镇压和安抚是应对神作祟最典型的方法。现在，这一方法也适用于以谋反罪而被处罚的早良亲王和井上内亲王的亡灵了。

这些亡灵已不是单纯的死灵，而成为神。除了此前的天皇灵，因反叛罪而离开政治舞台的许多皇族的灵魂，在经过这一程序后，也都陆续被作为神来接受祭拜了。

4. 亡灵暗涌的原因

尽管如此，究竟为何亡灵的问题到了奈良时代才突然被高度关注？从之前的例子中可以看出，在亡灵引发的问题中最严重的是疾病。亡灵贻害人类，其存在本身就是邪恶。

在亡灵出现以前，人们认为疾病是出于神的作祟。8世纪初完成的日本最早的历史书《古事记》记载，崇神天皇在位时期疫病大肆流行，人民濒临死亡，束手无策的天皇向神祈祷后，大物主神现身于他的梦里，告诉他疫病是自己作祟，如果用大直根子的命来祭奠，国家就会和平。据说，天皇依从了他的话，于是疫病消除，人们也恢复了平稳的生活。

神带给人类的不仅仅是疾病。对古代人来说，这个世上发生的所有现象均是超越人类认识的神的所为。对于神的意志，人类除了无条件服从以外别无选择。

当时，神表现其意志的方式就是作祟。大物主神表达自己意愿的手段当然也是作祟，而其引发疫病也是为了把自己的愿望传达给人类。虽然最终夺去了很多无辜的生命，然而大物主神最初那样做时绝非心怀恶意，他只是想吸引人们的注意，实现自己的意愿而已。

在古代，作祟正是所有神都有的本质属性。它是神最重要的活动之一，无关善恶。折口信夫指出，“作祟”一词在含有“神降下灾难”这一意思之前词义微妙，在古时是“神意显现”的意思。（折口，1995b）

当神想向人类提出要求的时候，为引起人类的注意往往会先作祟。正如折口所说，诸神为了表明某些意图而引发的现象就是作祟。在古代日本，有从大陆传来的传播瘟疫的神——疫神，因此国家规定了祭祀的镇花祭，其目的就是镇压此神（冈田庄司，1991）。然而，除此之外，7 世纪以前的日本没有仅掌管作恶和传播疾病的“作祟神”。

但是，一部分日本人曾经认为，奈良时代活跃起来的政治败北者的亡灵最初便抱有邪恶的念头，以传播疫病、加害人类为己任，而且其影响力已经超出了个人层面，拥有如神一样能够影响整个社会的能力。

5. 善神和恶神

7 世纪末，日本诸神的性质发生了巨大的变化，这是导致对政治、社会有巨大影响力的亡灵出现的原因之一。随着律令制国家的诞生，主要的神有了固定的住所，被赋予守护天皇和国家的义务。常住山陵，作为天皇守护者的“天皇灵”也是在这一时期出现的。

日本的神祇以及“天皇灵”“卢舍那如来”“最胜王经”“四天王”这样一来，与国家建立契约关系的诸神们，既超越了善恶界限的作祟之神，同时又被赋予了镇护国家的责任。在第一章第一节中，我们曾经论述过“监视作用的天皇灵”，在奈良时代的诏书里，等各种各样的神作为守护天皇的存在而名列其中。至此，日本列岛终于诞生了为达成某种明确目标而存在的“善神”。

神像（京都・松尾大社）

据说，邪恶的亡魂和来源于此的御灵神的诞生与诸神世界的动向密切相关。仅继承了原来神“善”的一面的国家神，反而抛弃了此前神之“恶”的一面，导致了善神与恶神的分立。善神的诞生引发了恶神和恶灵从中分离出来。由此，神所具有的施以恩惠和作祟的两种作用分裂开来，诞生了分别拥有明与暗、善与恶性格的两种神。具有其黑暗面的新生神就是属于人神序列的亡灵。

常住于特定场所的神的增加以及明、暗二神的分离，将个性以及其作为人格化的神的性格，赋予过去被笼统地认为是同等存在的诸神。进入平安时代后，越来越多的日本雕刻和绘画作品中表现出神的独特相貌。这被解释为：神处于特定的场所，常常对其周围进行监视。在弥生时代以后消失了踪迹的诸神的形象，从9世纪左右开始，以可视神像的形式被大量地制作。

与死灵结合并继承了其性格的瘟神，是一种散播瘟疫并以给人们带来痛苦为乐的邪恶之神。就像一般人印象中的样子，被视觉化了的瘟神看上去十分奇怪，身形如鬼一般。与之相对，剥离了作为恶神那部分角色的善神，则被描绘成充满威严、仪态尊贵的官人或僧侣。外貌差异明显的两种神的诞生，源于平安初期神的功能的分化。

当然，并非所有的神在当时都能被明确地区分为善神和恶神。非理性的作祟神的性格在整个日本古代并没有完全消失。正如民俗学研究者指出的，时至今日，一神之内善神与恶神并存的现象依然是日本神的特色。而且，从政治败北者的亡灵的例子中可以看出，恶神很容易转换为善神。以善神和恶神的分离为开端，诸神之间的功能分化和个性化从平安时代开始急速推进。

二、御灵信仰的出现

1. 御灵化的灵魂

进入平安时期后，恶灵活动愈发猖獗。每逢世间出现瘟疫流行等凶相，人们总会议论起某些落败离世的特定人物。在此过程中备受关注的是，那些被认为引发了灾祸的人物得到民众自发的祭拜。

在恶灵猖獗活动的背景下，平安时代初期的御灵出现了。《日本三代实录》贞观五年(863)五月二十日记录，作为有关御灵会起源的记载而广为人知。其中有大量记录涉及了近年瘟疫流行乃至多人离世，人们认为这是“御灵”所为，且对御灵的祭祀从夏天延续到秋天、由畿内向周边扩展等内容。

受此影响，日本朝廷把从春天开始流行的“流感”原因归为“御灵”所为，于是派遣使者到神泉苑，尝试让他们通过诵经、歌舞来抚慰“御灵”。根据《日本三代实录》记载，当时祭祀的御灵是崇道天皇(早良亲王)、伊予亲王、藤原夫人(桓武天皇妃)、观察使(藤原仲成)、橘逸势、文室宫田麻吕等六位。

这些人物包括之前已经出现过名字的崇道天皇，每一位都是被政变迫害致死的。当时的日本人认为，他们的“冤魂”变成了“鬼”，引发了瘟疫，将其灵称为“御灵”。于是，人们给他们设“灵座”，并希望通过祭祀活动平息灾难。日本朝廷无法忽视当时流行于大街小巷的御灵信仰，于是在将这些御灵作为神祭祀的同时，又尝试将其置于国家的一元管理之下，这就是御灵会的来源。

这个时代人们向神祈求的是灵验。《日本灵异记》中就描绘了人们祭拜神佛以求得效验的情形。恰巧那时正是律令体制的核心——公地公民制度的施行处于剧烈动荡的时代。大资产者和无产者的财富差距不断扩大。一方面，有势力的人充分运用资金来购置田地和动产；另一方面，贫苦农民失去土地，变成了依附富豪层的下人。而成为村落负责人的上层农民，则在谋求生活水平进一步提升的过程中进一步追求心灵的依靠，逐渐走近了佛教。

当时，寺院迅速接纳了超越血缘和地缘范围的形形色色的人们，然而在那个时期，神与特定的民族及地域共同体的联系还很紧密，还不具有开放性。在这一过程中，御灵信仰集聚了各式各样的城市住民，早早摆脱了神的封闭性，御灵信仰的特色正在于此。（山田，2007）

向佛祖祈求灵验的新兴富豪阶层和城市居民出于完全相同的原因而开始信奉御灵信仰。神的力量越是强大，其作祟带来的破坏性就越大。人们从御灵引起的破坏性灾难里看到了他们所希望的诸神的潜在力量，于是他们想通过祭祀御灵，将其带来负面影响的威力转换为“灵验”这样的正能量。

2. 大众宗教运动的狂热

在御灵信仰盛极一时的9世纪后期到10世纪，日本各地也涌现出各种各样的民间信仰。据《扶桑略记》记载，天庆二年（939）九月左右，京都的大街上立着被称为“岐神”“御灵”等的木制神像，人人手捧币帛、敬香献花。人们头上戴着垂缨帽，身体涂红，在肚脐下刻上代表着性的阴阳等，可以看出，这些是不受传统约束的新型神。

在六年后的天庆八年七月发生过这样的事情：在摄津国，出现了被称为“志多良神”的神，许多人跟随其神轿进入石清水八幡宫。《本朝世纪》中记载，“成千上万”（《本朝世纪》卷七）的群众纷纷奉上钱币并献歌献舞。户田芳实注意到“当时咏唱歌谣的内容是对农民们繁荣富裕的讴歌”这一事实，指出了作为转换期的民间宗教运动，该活动具有扎根于农村的性质。（户田，1994）

岐神、志多良神均在各地出现，并被各式各样的人群祭拜，在这一点上，它与御灵信仰有共通之处。这些都是以强烈渴望繁荣、富裕和多福的农民及都市市民为基础而新兴起的宗教运动。

另外，我们要注意到，在最初的御灵祭的祭神里，就已经包括了“观察使”等皇室成员之外的人物。在日本列岛，将历史上特定的人物作为神来祭拜的最初的例子就是“天皇灵”。在奈良时代，长屋王、淳和天皇等是祭拜的对象，从这一点可以看出人神系谱的主要组成仍是皇族。与之相反,御灵信仰中祭拜的神中一半和天皇一族没有关系,能成为人神的人物范围也慢慢得以扩展。律令国家形成以后,人神系谱所涵盖的范围在经历了由天皇到皇族的扩展后,进而又扩展为一般的有权者。

进入平安时代,御灵信仰极尽隆盛,而之前被广为接受的天皇灵观念在此时却失去了荣光。从古坟时代到奈良时代,日本人神的主角主要是一些杰出的特权者,是一些生前享尽荣华、死后直接成为神的特殊人物。天皇灵就是其最高的形式。虽然其理念极其精练且已体系化,却无法消除被当权者人为创造出来的特性,所以无法被一般大众所接纳。

与其相对,新兴御灵的前身虽然也是贵族和有权者,然而这些人物在生前都遭遇过失势或挫折,在这一点上,两者性质截然不同。抱着很强怨念的暴烈的死灵有着烈性药般的力量,这对渴望灵验效果的大众来说具有很大魅力。此外,御灵因其生前的不同形象而呈现出不同的个性,这也完全适应了人们祈祷的内容多样化、神佛性格也在持续分化的时代风潮。

天皇灵的观念是自上而下推行的,而御灵信仰则是自下而上兴起的,二者性质的差异是两者社会基础差异的表现。

3. 菅原道真和藤原道长

在御灵赖以产生的阶层扩大到天皇家族以外的过程中,平安时代最大的怨灵出现了。这就是菅原道真的灵。

作为学问之神而广为人知的天神——菅原道真原本出身于中流文人贵族之家。他卓越的学识得到了认可,破格被任命为右大臣。道真的得势引起了当时处于政界核心的藤原氏的强烈危机感。作为道真竞争对手的藤原时平位当时居左大臣之位,他拉拢醍醐天皇一起阴谋策划将道真拉下马。结果,延喜元年(901),道真被发配到了太宰府，两年后在流放地病故。

此后，阴谋策划流放道真的藤原一族便不断发生凶案。当时，御灵信仰已是暗流涌动，坊间谣传自然界的种种异常以及藤原时平、醍醐天皇的死都是道真怨灵的作祟所致。朝廷和藤原氏也确信那是道真的怨灵所为，于是恢复了道真的名誉。为了平复众人的怨怒，朝廷还举行了法会。

这一时期，围绕御灵信仰开展的大规模活动是建造神社。日本人将给国家和社会带来强烈影响的人物祭祀为“御灵”，也就是神，旨在将亡灵纳入可控体系之内。一旦将御灵视为与神地位同等的存在，人们便在各地建造神社以祭他们为神。祭祀“六所御灵”“八所御灵”的御灵神社就是这一时期的产物。同样，10 世纪中期，在天神即菅原道真的神谕下，朝廷京都的北野举行了祭祀活动，这便是北野天满宫的起源。

北野天满宫与菅原道真

道真的灵本来是为灭掉其怨敌而猛烈作祟的亡灵，如今变身为神，并高居于神殿之中接受人们祭拜。在此，原本可怕的亡灵形象消失殆尽，作为作祟之神单方面地向人们下达不可捉摸的指令那样的荒诞性也逐渐淡化。天神常居于北野地区，变成了全能之神，能满足上至天皇下至万民的所有人的请求，向他们施于恩惠。如果说奈良时代人神的主角是天皇灵的话，那么平安时代人神信仰的主角便是以天神信仰为其巅峰的御灵信仰。

4. 被镇慑的冤魂

在日本的平安时代，御灵以及天神所代表的有着特别力量的亡灵已为社会普遍接受，他们被祭祀为神，并成为人们信仰的对象。然而，当时神出鬼没的亡灵并非只有这些。特别是到了平安时代以后，被称为“邪气”“灵气”“鬼魂”之类的亡灵不断出现。在平安时代的贵族日记以及出自女性之手的中古文学作品中到处都能看到他们的影子。一旦有人患病，首先怀疑是对此人抱有怨情的亡灵所为。

《源氏物语》的“若菜”卷中，当主人公光源氏之妻紫上患病时，源氏确信这是鬼怪所为，于是召集所有有着卓越修行能力的僧侣，让他们予以加持。祷告刚一开始，鬼怪就附体到了旁边人身上，并通过其口表示，自己的原形是源氏曾经的情人六条御息所。

从这个例子中我们可以看出，所谓的冤魂，是带着仇恨离开肉体的灵魂，多数情况下都是亡灵，然而有时也可以是生灵（活着离开肉体的灵）。像附着于紫上身上的六条御息所的生灵一样，恶灵会附着于仇恨的对象以及与他们有关的人身上，给他们带去肉体和精神上的痛苦。

当弄清病因源于恶灵所为时，人们一般采取的应对方法是加持。这是依靠佛教僧侣的力量，借着佛力降服依附的恶灵，并试图让其离开病人的一种尝试。当进行“加持”时，通常在病人的身旁设置恶灵附体之人（凭坐），给恶灵施加压迫，从而使其附体到其他人身上。

御灵即便存在像当初道真亡灵对藤原氏作祟那样，但这只是对个人进行复仇的一面，其主要还是以灾害、疾病等方式使社会陷入不安之中。由于御灵给整个社会都带来了影响，在其性格发生转换即神化之后，它便成为人们共同的信仰对象。与之相对，没能成为御灵的级别较低的亡灵，无论是从灵的观念，还是从其作祟对象，都走向个别化和个人化。进入摄关期，鬼魂和恶灵的原形都与个人灵一一对应，其作祟对象也从不特定的人物缩小为心怀怨恨的特定人物及其家人。对此，人们往往采取强制性的震慑手段使其降服。

速水侑指出，平安时代以密教为代表的呪术宗教的发展，是以贵族社会个人信仰的成立为背景的，在这一点上呪术宗教与净土教的发展具有相同的社会背景。另外，他还指出，当时个人意识的高涨促进了怨灵的个别化和个性化，由此，以降服作祟的怨灵为目的私人秘密修法成为一种需要。（速水，1975）

作为神的御灵，都应得到祭祀和安抚。引发瘟疫的疫神也一样，震慑、降伏等应对手法在他们身上并不适用（谷口，1992）。另外，日本人将作用于个人的死灵和怨灵与神严格地进行区别，对这些恶灵，人们认为应该用佛教和阴阳道教的威力竭力镇压。

三、古代神的特色

1. 与人共享空间的神

在各类神日渐稳定在人们观念中的奈良时代，除了传统的神祇（狭义的神）以外，大佛、经典、佛教的护法善神等都被视为超越了人类的绝对性存在（广义的神）。位列人神谱系中的“天皇灵”也是神。除此之外，平安时代诞生了被新祭为人神的御灵，显示了其凌驾于天皇灵之上的巨大力量。至此，包含人神在内的古代主要的神（绝对性存在）基本全部现身。

在日本古代，除了前面提到的神以外，还有被视为神的一些人。在奈良时代的诏书里，颁布诏书的天皇被称为“现世人神”，在位的天皇也被定为神。此外，还曾有过这样的例子，就是把圣德太子、行基菩萨等圣人或是作为圣人遗物的圣德太子的头发等视为神。总之，在古代，多种多样的神遍布于日本国土。

这些神不仅出身、性格乃至所在地各不相同，而且祭祀礼仪也有所不同。然而，在他们中间却也存在着某些共性。

首先应指出的是，古代的神并不处于与这个世界完全不同的异质世界，而是和人类共用一个空间。神存在于人类可以触及的空间范围内，其存在的代表性地点就是山。在弥生时代和古坟时代，神没有确定场所，人们很少能看到他们的身影。因此，每次祭祀时，人们都会先将神请到近处，以便互相能够听到彼此的声音。

7 世纪末律令制度施行后，一些特定的神被赋予了守护天皇的职责，而且必须要有固定场所。另外，随着神的分化，他们都有了各自的个性。这就造成 9 世纪后，各具独特相貌的神像大量出现。神像的诞生显示了作为礼拜、祈愿对象的神常住于固定场所。希望与神会面的人再也不必每次都让特殊的通灵者呼唤神了，而只要去神的所在地（神社）就行了。

神作为天皇守护者或满足人们愿望的存在，如果在遥远的彼岸世界或天上，便无法发挥其作用。因此，为了能尽快满足人们的要求，神必须能随时来到人间。所以古代日本的神是与人类共享同一空间的现世存在。

神必须能让人感受到其现实存在，即使作为其构成部分的佛，人们礼拜的对象也不是处于他界的抽象之佛，而必须是稳坐于堂舍之中的佛像。在古代日本人观念中，神基本上都是具有可视实体的存在。

对于此种看法，也许会有人反驳道：日本传统的神不是看不到的吗？的确，弥生时代以来，天地神祇都销声匿迹。然而，当神试图把其意思传达给人类时，一般不会以幻影的形式突然显现在天空，而往往用巨树及石头作为其附体之物，以发挥神的表象作用。在《日本书纪》《常陆国风土记》里，我们可以看到神出现于人的梦中直接下达指令，然而多数情况下还是由被附体的人代表神传达其旨意。当神以人类或动物的形象现身时，他们不只是一种意象，就像三轮山神和人间的女子交合生出孩子一样，神出现时都是一种实体。

进入9世纪，日本人开始大量制作神像。有时，为了在绘卷等艺术作品中表现出神的形象，具有特色的各神社、神殿就会发挥其作为神的表象的作用。看上去仿佛不具有形态的日本神，当他们要显示其存在时，也会以佛像、依附物、神殿等实体表现出来。同样，不具身体的天皇灵，也往往由作为神灵依附物的山陵表现出来。

神就是人们眼前活生生的现实存在——这就是日本古代神的特质。

2. 诸神的流动性

日本古代神的第二个特色是：不存在压倒其他诸神的绝对神。

在《常陆国风土记》里有这样一则故事："夜刀神"（蛇形的神）想阻碍人们开发其栖息的山谷，对于他的如此行径，壬生连磨说："不管你是什么神，怎么可以不遵从天皇的命令？"于是强制性地排除了他的阻碍。8世纪以后，作为"现世神"的天皇的神格化不断发展，出现了不少强调天皇比地方神更处于上位之类的民间故事。樱井好朗将这个故事所表现的"在神社起源时拥戴了作为'现世神'的天皇，所祭祀之神从属于天皇"这种表现方式定义为"古代型"。（樱井好朗，1996）

然而，在整个平安时代，我们都可以见到这样的逸闻趣事：由于神作祟，天皇病倒了。这表明，天皇自身也是神作祟的对象，依惯例每年六月和十二月举行的"御体御卜"仪式就是这一认识的体现。据说这种仪式可占卜威胁天皇神体的作祟现象是否存在，掌管宫中神事之人依次大声呼叫预先列入名单中的诸神，然后判定其有无作祟。在此，其前提是有一些神会给天皇带来影响，他们比天皇有着更强的威力。另外，即使是作为“现世神”宣告即位的圣武天皇也自称“大佛的佣人”，并跪拜了东大寺大佛(《续日本纪》)。我们也不应忽略这样的逸闻趣事。

《日本书纪》卷十四收录了这样一则故事：雄略天皇想一睹三诸岳之神的原形，于是下诏给以力量大著称的小子部连，命其去抓三诸岳之神。小子部连捉住了作为其原形的大蛇并献给天皇，天皇却未曾斋戒就直接看了大蛇，大蛇那如雷电一般闪光的双眼令天皇顿生畏惧，藏于殿中……

这类故事在《日本灵异记》中也有记载：小子部连受天皇之命捕捉到雷神并将其带入宫中，然而天皇对其心存畏惧，又郑重地将其送回山中。由此可见，即使是可下令除掉或捕获神的天皇，有时也会臣伏于诸神的力量。

日本古代神之间存在着以威力和门第划分的大致的序列，然而这一序列本身极其不固定。即使在某一阶段某些特定的神位于诸神的最高位，也并不能保证其地位永远不变。像人类社会存在流动性一样，诸神世界也存在着不同的身份秩序。

和辻哲郎分析了记纪神话，将神话里出现的神区分为“祭神”“被祭之神”“祭与被祭之神”三类(和辻，1952)。神代史上最活跃的人格神在得到祭祠的同时，自己也祭祀别的神，山神、谷神等被祭祀之神仅仅是名义上的存在，并没有发挥什么特殊的作用。被祭之神的尊贵性远远不及祭神者。

日本古代，并不存在与遍布日本国土的神性质不同的世界的绝对神。由于并不存在不动王神，加之诸神世界的流动性，因此，天皇制国家无法完全依靠当初构建起的神话秩序。9世纪以后，日本进一步完善了天皇的官僚体制和国家礼仪体系。

3. 作祟之神的本质

日本古代神的第三个特色是，神的本性是作祟。

上古时代，神和自然一体，日本人认为，自然界秩序的混乱是神在发怒，即作祟，神发怒就会引发瘟疫。因此人们相信，通过抚慰神灵，使其平息愤怒并恢复自然界的秩序，疫病就会自然而然地平息。

作祟常常是神单方面的行为，因此人类不可能提前预知。神的需求也是完全不合理且无法预测的。当时，人们甚至连作祟神的名字都不清楚。

只是，即使作祟仍是神单方面的指示，其原因也已经发生了变化，即从未能以特定人物献祭而发怒的不合理原因，逐渐变为神域遭受侵犯、神木被采伐等合理原因。在“御体御卜”仪式上，记载在册、来历明确的神才被列入作祟之神的名单。

另外，自进入平安时代开始，随着神的视觉化以及恶神和善神之分，神从自然界的分离及其人格化得到了发展，诞生了身着衣冠束带的愤怒形神像，产生了以个性化的姿态自由地游走于世间的瘟神，这都体现了神的形象的巨大转换。至此，作祟单单成了御灵、瘟神、怨灵等作恶之神的行为。

同时，我们应注意到，从平安时代中叶开始，随着神的作祟行为的减少，人们开始用“罚”来表述神的作用。12世纪以后，神的作用基本都被描述为“罚”。在从这一时期开始大量制作的中世文书的代表性文书——起请文中，被劝请的神的作用一律被表述为“罚”。12世纪是日本中世社会体系的完成期，从古代的“作祟”到中世的“罚”，神的作用发生了变化。

在中世日本，神被看作惩罚人而非作祟于人的存在。仿佛与这一转换相对应，专门作祟的瘟神也被供奉为神，固定于这片土地上，并成为人们信仰的对象。而且作为施行惩罚的监视者，瘟神也往往成为起请文中的被劝请者。

我们在关注日本中世神的作用时，会发现在很多情况下，“赏罚”这一形式中的“罚”和“赏”成对出现。神不是仅仅实施惩罚，而是根据人们的行为，参照某种基准，公正严明地行使其赏、罚两种权力。这时，神施以赏罚的基准是“是否忠诚于神及其应守护的佛法及国家”。神要求人们忠诚，并根据人们的态度施以赏罚——从神给人类施以某种神力这一点，似乎和作祟有共通之处，然而两者又完全不同，神会预先提出明确的标准并要求人们做到，与此同时，神还会严格依照此基准采取行动。

从作祟神到赏罚神，从莫测其意的神秘神（命令神）到能够被人们预测其反应、披上合理性外衣的神（应对神），在日本古代到中世的转换时期，神的性格发生了极大变化。（佐藤弘夫，1999）

在日本，神的这种变化当然也波及了人神。在这场转换当中，人神又会有怎样的命运？下一章我们将就这个问题进行探究。

瘟神成群（融通念佛缘起）

第五章　接引之神

一、遥远的净土

1. 向中世世界观的转换

在古代日本人的观念中，人与神共存，人们似乎能在日常生活中感受到神的存在，听到神的声音。但是到了平安时代后期，这种古代的世界观发生了很大转变。其原因是宇宙观的改变席卷了整个日本。

对古代人来说，“世界”仅指我们能够认识到的现实世界。神和人处于同一空间，呼吸相同的空气。虽然也有人认为，像“天皇灵”那样完全净化的死者会成神升天，但他们并没有去往人们无法触及的地方。

这种“一元的”世界观从10世纪后半期开始发生变化，到12世纪时已经完全发生了质的变化。这就是新的净土信仰的形成。这种信仰认为，与现实不同的空间存在理想的世界——净土，这里是人们死后应去的世界。人们相信理想世界存在于“西方十万亿土之外”的彼岸，即宇宙的究竟处，那是阿弥陀佛所在的极乐净土。对大多数人来说，现世（娑婆世界）的生活不过是虚假的存在，前往极乐净土才是人生的终极目标。

这是人类无法认知的另一个空间的世界，意味着人们思考水平的迅速提升。前面已经阐述过，自绳文时代的某个时期起，日本人产生了完全独立于此世之外的神及死者之世界的观念并不断发展着这种观念。但是，古代神的栖居地再远也不过是富士山这样的高峰。人们依然可以在山下看到神翩翩起舞的姿态，神和人拥有共同的生活空间。与此相对，到了中世，日本社会形成了这样的观念：确实存在一个神的世界，无论人多么期待见到神也无法实现。

平安时代后期，日本净土信仰流行的背景是认为这个现实世界已经进入释迦佛去世后将逐渐历经的漫长的“无佛时代”。在释迦佛去世后不久的时间内，人们尚可在其残存的法力下得到救赎；但经历一定年月后，佛法就会失去教化人类的力量，那就是所谓的“末法时代”。日本人认为，永承七年(1052)是末法时代开始的一年。对 11 世纪后半期的日本人来说，当时似乎正是末法恶世。

山越阿弥陀图

正因如此，当时的人们认为，通过释迦佛残存的教化达到参悟并不容易。于是，往生净土的信仰应运而生。人们相信，远离无佛世界，奔赴佛祖真实存在的净土世界，通过切实地接受佛祖教诲，可以得到最终的救赎。

这样一来，神不再是单纯具有灵验的力量，还带领人们去往彼岸的真理世界，也就是说神具有救济人类的作用。由此，日本列岛的精神世界终于能够接受正面标榜救济的信仰了。

2. 诸神的阶层分化

以平安时代后期为转折，日本人从古代一元的世界观向中世二元的世界观的转变带来了现存的神之命运的大转变。此前一直存在于同一空间的神、人、死者，被分别划分在不同的世界即此世与彼世，即便同是神，也产生了完全不可逾越的阶层分化。

平安后期，即使像极乐净土的阿弥陀佛这样的救世主形象大大强化，人们祈求去往极乐净土的愿望也日渐强烈，但人们仍然认为，只要还活着就绝对不可能看到净土的阿弥陀佛的真实容貌。彼岸的佛祖们确实是与这个世界隔绝的神。

大约正因末法恶世的缘故，无论怎样强调净土的好处，反对末法的人们也很难相信净土佛祖的存在。但这样一来，就没有人能够得到救赎了。为此，彼岸的佛祖为了救赎现世的人们，决定采取某种手段，那就是临时借用人的形态化现在这个世界上。

彼岸佛的现身，经常被表述为“垂迹”。说到垂迹，一般指日本的神祇，古代以来的很多神在日本中世被定位为彼岸的本地佛的垂迹。不单是神祇，还有佛像以及弘法大师、圣德太子等圣人、祖师也会垂迹。中世的神佛世界由新出现的彼岸本地佛（冥界的佛）和垂迹的古代以来的现世神（现世的神佛）这两个主要的集团构成。（佐藤弘夫，1998）

伴随这样的空间分割，人也被分为两种：一种是在佛的世界中实现了往生的死者，一种是活在这个世界的生者。在日本中世，死者离开这个世界重生于遥远的净土是人们的一种理想。有些人死后仍停留于人世，便被看作是因为某些原因而被禁止往生的不幸之人。中世日本人供养死者的首要目的就是如何将这些人的亡灵送往净土。而顺利到达彼岸佛祖那里的人们就会化为此世人们无法触及的存在。

3. 作为救赎者的神

笔者在本书第四章中指出，与古代神相比，日本中世神的特色是其“合理性”。就像之前所论述的那样，这一特点产生的原因是佛教世界观的普及和这一过程中对神祇的收编。

伴随着日本中世的现世——彼岸二元宇宙论的形成，日本的神祇被定位为遥远彼岸世界的本地佛之垂迹。神以神的姿态出现在日本列岛的目的是为了使诸众生与佛法结缘，将其视线引向净土世界。正如《发心集》里所说：“为了末世中我等的救赎，即使并不考虑后世，也无论如何都要向神祈祷。”中世神的基本性格就是人死后的救济者。用面包加大棒的办法诱导末法时代的愚人，使其对佛法的真理有所觉悟，这是作为垂迹的神的使命。因此，在日本中世，很多人都会去神社祈求往生于极乐净土。

由快庆执笔的东大寺僧形八幡神像的墨书铭上，写着阿弥陀三尊圣贤的种子和很多结缘者的名字，还引用了《往生要集》里的话：“临终前排除一切障碍，拜谒阿弥陀佛，立即去往安乐国。”（长冈，2005）这清楚地阐明了作为前往净土引路者的八幡神的职责。镰仓时代，日本人大量制作春日宫曼陀罗，在描绘着春日神社景观的画像上方，往往敬绘着本地佛的形象，这使得神社是通往彼岸世界的通道这一认识变得可视化。神出现的最大目的是引导人们去往彼岸。

春日宫曼荼罗

在某一时期，神与祭拜者之间有着不可分的关系。只有氏族或共同体的成员才有资格祭拜他们共同的祖神、守护神，其他人则没有资格。平安时代前期的御灵信仰，是植根于大众信仰的第一个神灵信仰。在古代日本，由于禁止奉币制度[①]的存在，即使现在任何人都可以参拜的伊势神宫的天照大神，在当时也是除天皇以外谁都不许参拜的存在。

与此相对，具有救济者特性的中世神变身为可以倾听很多人的愿望(三桥，2000)。当时，任何人都可以自由出入神社。《沙石集》记载，当承久之乱时逃离战火的地方民众不论垢净都到热田社避难时，神下了神谕，强调说："我从天上来到这里，是为了救济大众。"

从中世的誓词来看，不论其作者处于怎样的地域、拥有怎样的身

① 日本称"私币禁断制"，意指在古代神社只接受朝廷进献的币帛，禁止贵族及平民给神社进献币帛。——译者注

份,负责监视誓约的“日本国主天照大神”都多次被劝请。八幡神、贺茂神也经常出现在誓词中。这样,在化身“国民神”的诸神之间,争夺信众的自由竞争宣告形成。

广纳信众的中世神强化了其作为救济者的性格,不再是古代神那样反复无常、将难题强加于人的非合理性存在(命令神)。顺理成章地,中世的神居于特定场所,预先提示人们该走的道路,变成了对人们行为严格赏罚的合理性存在(回应神)。

4. 现世神的衰落

在日本古代,作为至高的神——天照大神的子孙,同时也作为现世神,天皇凌驾于百姓之上,这是古代日本塑造出来的天皇形象。但是,到了 12 世纪前后,与古代天皇形象完全不同的天皇形象出现了,即天皇也要受神佛作祟的影响并接受神佛的惩罚。

当然,古代有天皇遭受神灵作祟的例子,天皇也要接受根源性的大神发号施令,但也有天皇指示神灵并使其遵从自己意志的。与此不同,院政期以后,神单方面决定天皇坠入地狱、下台、夭折等不同的命运(佐藤弘夫,1998)。《天神缘起·地狱邂逅》记载了醍醐天皇被地狱的猛火烈焰烧身的场景(山本阳子,2006)。《善光寺缘起》也描述了皇极天皇急逝后坠入地狱的场景(吉原,1990)。

这种天皇观的转变,反映了从古代向中世转变之时日本人世界观的转变。伴随着中世日本人二元世界观的形成,许多古代神成为沟通现世与不可视的彼岸之间的媒介。但是,唯独天皇始终没有把自己规定为垂迹神,大部分中世日本人也不会那么认为。这意味着,天皇被与具有高度宗教权威的彼岸之神严格区分开来,只能存在于现世中。在日本古代,天皇本是超越人类的,即古代天皇是属于神的范畴,而到了这一时期,天皇被排除在神的第一梯队(他界佛)之外。

而且,天皇不屑于加入位于冥界佛地位之下的第二集团——现世神的集团(垂迹)。由于中世二元世界观被置于佛教的“本地—垂迹”这一框架中,因此,在位期间忌讳直接接触佛教的天皇很难履行垂迹的职能。现在,支撑天皇的宗教权威的源泉就只剩下皇祖神天照大神。这样一来,天皇只能依附拥有次级权威的现世神——天照大神来合理化自己的地位,其地位已经跌落到第三层次。

需要留意的是,中世时期日本诸神在现世神中也并非处于顶点。本应地位最高的天照大神,其地位甚至还不及泰山府君、阎魔王等道教小神,更不能与梵天、帝释这类佛教守护神相比(佐藤弘夫,2000)。因此,要靠这些日本诸神来强化天皇的神圣性,就有了很大的局限性。中世大尝祭的中断并非源于经济问题,而是因为以此神化天皇的做法几乎失去了意义。

5. 有关天皇秘义的形成

本书要指出的是,在由古代向中世转换的过程中,天皇地位逐渐脱去神秘的外衣,成为与人同等的存在,但这一看法却未必与现今有关天皇的研究成果一致。与之相反,学界主流普遍认为,天皇通过即位灌顶、密教修法等使自身具有了浓厚的宗教色彩,并上升为绝对的、神秘的存在。

这一连串将天皇地位神圣化的举措,都是在天皇权威相对化、去神秘化过程中企图使天皇的宗教性权威复活的一些尝试。而天皇地位世俗化的最大原因就是,从古代向中世转换过程中,天皇被排除在至高神之外而跌落到了凡间。为了重新给天皇赋予神圣性,就有必要让天皇再一次接近神灵。因此,最简便的方法便是通过重构天皇与神灵的关系,使天皇重新受让宗教性权威。然而,过去支撑天皇的日本诸神被视为现世神,其地位居于本地佛之下,所以,如果真要强化天皇的地位,应关联的就不应是世俗世界的天照大神,而只能是他界之佛。以中世的即位灌顶等为代表的一系列仪式,就是旨在通过建立天皇与大日如来等终极佛祖之间的联系，将佛的权威转移给天皇。

然而，这些尝试并没有得到积极成果。中世天皇企图与绝对性权威直接结合，但问题是，并非只有天皇才有这种结合的可能。正是因为此方法与天皇家固有的血统、祖先神毫无关系，而是向佛教这一开放性的外在权威寻求其正统性，对天皇家来说这反而成了一把双刃剑，隐藏着相当大的危险。试图在与绝对权威的关系结构中论证其王位的正统性，这种方法其实谁都可以用，这种权威也是谁都可以借用的，因此常常会带来革命、反叛的危险性。像日莲那样的人，甚至明确支持将王位由天皇家移交至北条氏手中。

中世史料中频繁出现的有关醍醐天皇、皇极天皇等坠入地狱的天皇的轶事，也明确显示了天皇无法独占与他界佛的关系这一事实。

6. 世界史中的天皇

在从古代向中世转换的过程中，尽管天皇竭尽全力，却还是没能完全适应宇宙论的变化。天皇从现世神的地位跌落下去，又没能赋予自己宗教性权威，于是迎来历史上最危险的阶段。中世天皇并非依靠自身所体现的神圣性统治，而是依靠其 9 世纪以来形成的完善的国家统治机构的最高统治者，维持其政治地位。

日本在由古代向中世转换时出现了帝王权威相对化的现象，但这并非只存在于日本。佛教、基督教、伊斯兰教等世界宗教成立后，在这些宗教信仰传入之地，宗教的创立者成为宗教权威，并不断被绝对化、一元化。在这些绝对权威面前，帝王所有的神圣性逐渐被相对化。由此帝王丧失了其作为神的原本的神圣性，只能通过分享绝对者的权威达到为王的目的。历史已到达这样的阶段，神殿、寺院等宗教设施取代了帝王居住的宫殿，建造得越来越宏伟华丽。

在欧洲，公元 800 年，教皇利奥三世为法兰克国王查理大帝举行了加冠仪式，从此，欧洲各国皇帝的权威都要通过戴冠仪式上的祝圣、涂油等正当化王位的环节才能得到认可。可见，帝王已经不是以其自身的神圣权威君临天下，而是借助全能者——神灵的光环来维持其地位。

在中国的西周时期，社会萌生了受天命者替天行道的天命思想，并逐渐发展为“革命”思想。当本应替天行道的天子背离人心、丧失天命的时候，就会失去他的地位，而由新的有德之人取而代之。我们在《孟子》中甚至可以看到公然肯定以天之名诛暴君、立新王的论述，这成为中国王朝更新换代的思想依据。

因此，有必要将有关天皇宗教权威的问题纳入世界史的视野中进行考察。

二、圣人信仰与圣地

1. 内神殿的成立

随着中世日本人彼岸世界观念的发展，现世的神、圣人、佛像等被定位为本地佛的垂迹。本地垂迹使前所未有的新型人神得以诞生，而新型人神便是救赎之神。

圣人是斡旋于彼岸、此岸间的存在，这使得圣人信仰急速盛行起来。为了应对伴随净土信仰兴隆出现的垂迹特别是人们对于圣人信仰需求的增大，中世寺院建造了一些新设施，用于祭祀与该寺有渊源的圣人。这种设施通常建在寺院最深处的视野开阔的地方，因此后来也被称为“内神殿”。传说曾是弘法大师圆寂之处的高野山内神殿就是最初的例子。

9世纪初，高野山金刚峰寺作为真言宗道场由弘法大师空海创设。空海当初将高野山建成八叶莲花环绕的密教曼陀罗世界。承和二年(835)，空海圆寂，他的遗体火化后被埋葬在远离高野山中心寺院的高台，也就是今天的内神殿。

然而，在空海死后一个世纪，日本出现了有关他的新传说：空海并没有去世，现在正在内神殿冥想……这就形成了弘法大师入定信仰。《荣花物语》中描绘了去高野山参拜的藤原道长与似乎在沉睡的弘法大师会面的场景。

作为信仰圣地，内神殿逐渐引起日本人关注。到了平安时代后期，内神殿经历了完全改变其形象的事件，那就是净土信仰的流入。《一遍圣绘》中记载，高野山被视为“三地萨埵垂迹之地”（修行到三地的菩萨，即弘法大师的垂迹之地），据说大师为了与“九品净土”（极乐净土）结缘来到这里。《一言芳谈》中还记载，去高野山内神殿参拜的重源，深夜听到从空海祠堂中传来念佛的声音。这也正如同“大师是肉身如来”（《高野山记》）所描述的那样，人们相信弘法大师是阿弥陀佛的化身。

四天王寺圣灵院

因为仰慕中世于高野山垂迹的弘法大师，许多念佛的圣贤聚集于此。西行也是其中之一。他们在小田原谷和莲华谷建立了阿弥陀佛堂，念佛声此起彼伏（五来，1975）。人们祈求通过大师的引导往生极乐净土，因而当时参拜和纳骨都非常盛行。高野山在创立之初因密教思想被视为终极净土，中世后则变为以到达彼岸为目标的净土信仰的据点。

2. 垂迹的圣人们

与空海并列成为日本中世圣人信仰对象的还有圣德太子。即便像法隆寺、四天王寺等在飞鸟时代以来已拥有光辉历史的寺院，到了12世纪，也改建了其回廊外的一部分僧房，设置了祭祀圣德太子的圣灵院。这里作为净土信仰新的圣地，集聚了上至天皇贵族下至庶民百姓等所有祈祷往生净土人们的热切期盼。《拾遗往生传》中记载，一个叫仙命的僧人为了祈祷往生极乐净土而到四天王寺圣灵院参拜，甚至“把自己的中指作为明灯供奉在佛像前”。久安六年（1150），广隆寺遭受了一次火灾，灾后重建时也建造了祭祀圣德太子的上宫王院，后来发展成桂宫院。这些设施都相当于内神殿。

自12世纪起，作为净土信仰的圣地，位于矶长的圣德太子墓地也聚集了许多祈祷往生于极乐净土的参拜者。在这里传诵着一本叫作《庙堀偈》的偈句书，据传为圣德太子遗作。书中记载了圣德太子的一段话：“为了救济末世众生，将受之于父母的凡身留在这个庙堀。”日本著名佛教高僧亲鸾年轻时曾到访此地抄写了这句偈子。从平安时代到镰仓时代，日本人制作了大量各式圣德太子像，这与同时代人们的彼岸志向有很深的关系。

成为圣人信仰对象的不只弘法大师和圣德太子，比如，活跃在奈良时代的民间僧人行基就被称为“文殊化身”。日本人还认为，圣武天皇是观世音的化身，藤原镰足是维摩居士的垂迹。平安时代御灵信仰的主角菅原道真，到了中世也被纳入本地垂迹的框架中，据说其本地垂迹是“观世音垂迹，十一面尊容”，为了指引人们而主动“离开极乐净土，化身为天满天神”。（《北野天神缘起》）

镰仓新佛教祖师们认为，最理想的信仰方式是不通过媒介者（垂迹）而直接把现世的众生与本地佛联结起来。然而，他们死后，教团内部开始强调本地是佛和菩萨。（参见本书第六章第一节）

慈元在《愚管抄》中写道：“在此地日本，观音为了救赎大众而化身为圣德太子、藤原镰足、菅原道真、慈惠大师，但没有人察觉其中的深义。”到了中世，日本人认为，不论僧俗，凡是有别于常人、具有特殊能力的人都是他界的佛和菩萨为了拯救现世的人们而化现的。

3. 少年·女性·非人

前面举出的人物，都在其去世后通过神话传说而闻名乡里。除此之外，还有许多被视为彼岸世界的派遣者。德高望重的僧人、具有灵验之力的行者中，有的生前就被作为垂迹，即以肉身而受到崇拜。镰仓时代被称为“浊世末代活佛”的僧人叡尊就是其中的代表（《后伏见天皇赠僧叡尊菩萨号敕》）。《源平盛衰记》卷25中记载，重源是“活佛释迦”，贞庆是“活佛观音”。九条道家的《玉蕊》中记载，作为受戒之师高野的行胜圣人是“肉身化佛”。《今昔物语集》中记载着被世人称为“地藏菩萨大悲化身”的陆奥国僧人藏念的一些轶事。藏念从小就开始了称颂地藏菩萨的修行并引导、教化众人。据说，在他晚年归隐山林之时，人们感叹“地藏小院真是地藏菩萨的肉身所在，但因我们罪孽太深，他抛下我们回极乐净土去了”。人们相信，藏念是被净土诸佛派来拯救众生的使者。

无名凡人成为佛祖化身的例子也不罕见。下面要说的这个故事收录在《宇治拾遗物语》中：

丹后国有个老尼，她听说地藏菩萨每天清晨都会到处走动，

> 于是为了能够见到菩萨，她也每天早晨都四处徘徊。一赌徒见状，说只要给他谢礼就可以带她去见地藏菩萨，结果赌徒得到谢礼后却只领来一个叫“地藏”的刚满10岁的普通少年。老尼不知道自己被骗了，欢喜地叩拜少年。就在此时，少年的额头裂开，露出了无比庄严、美丽的地藏菩萨的面庞。老尼喜极而泣，拜倒在地，径直往生到了极乐净土。（大意）

此传说后还有一段评语：“因此要相信，只要诚心念佛，佛祖终会现身。”佛祖、菩萨借少年之姿将人们接引到极乐净土。与儿童、少年类似，在中世，一部分特定的女性也被视为垂迹。12世纪完成的《今镜》中提到，紫式部是菩萨的化身，为了将人们引上佛道，她撰写了《源氏物语》。《十训抄》《古事谈》等镰仓时代的故事集中则有这样的记载：住在淀川河畔的交通要地神崎的那位叫“长”的妓女，其实是“普贤菩萨的化身”。这就是说，被人歧视的妓女也可能是为了救赎大众而现身人世的普贤菩萨。

将平日被歧视的人视为神圣的化身，这一想法在贱民身上也得到了体现。中世的贱民被排除在由平民构成的共同体之外，他们形成了自己的集团，从事寺院清扫、丧葬服务等工作。在中世，人们普遍相信文殊菩萨化为贱民现身人间。因救济贱民出名的叡尊等人，就曾把贱民作为文殊菩萨化身并为其举行法会。（细川，1979）

4. 圣地的固定化

如前所述，随着对前往彼岸引路人的圣人的信仰逐渐升温，各个寺院除了本来安放本尊佛的金堂，还设有供奉与寺院缘分较深的圣人的内神殿，这成为普遍现象。中世以前的寺院，至高的圣域——金堂被从中门延伸出去的回廊所包围，以此为中心，逐渐向外部俗世延伸，这反映了古代寺僧同心圆状的宇宙观。到了中世，寺院的内部普遍转变为以金堂和内神殿这两处神圣之地为中心的椭圆状构造，其实反映

了日本列岛上发生了宇宙观的转变。(佐藤弘夫,2003)

内神殿才是作为“灵境”[①]获得新生的中世寺院的核心设施。净土信仰与内神殿的建立互相呼应,渐渐导致了圣人信仰和欣求净土的抬头。作为连接彼岸和此岸的通道,“灵境”在院政期就已经星星点点地出现了。大量僧俗奔向圣地,在日本列岛上大范围地移动,日本由此进入了真正的参拜时代。

经过这样的历史性转换,传统寺院从封闭的学问及修行场所转变为开放的参拜之地。不受地域、血缘限制,广泛接受人们参拜的新型寺院——灵境,是古代寺院向中世寺院转变过程中的产物。而且,其主角是作为垂迹接引人们去往彼岸的人神们。

发生变化的不仅仅限于参拜者阶层。最初,人们去寺院神社参拜的目的是以祈求晋升、疾病痊愈、脱贫等现世祈愿为主。比如,道纲母亲到石山参拜,据说就是为了祈求与丈夫兼家改善关系(《蜻蛉日记》)。然而,到了12世纪,祈愿的内容发生了很大变化。虽然“对现实利益的祈求”这一目的并未消失,但完全以“来世救赎”为目的的参拜者也急剧增多。人们的关心从灵验转移到救赎,终于与来世相关的问题对人们的生活具有了更大的意义。

12世纪以后完成的《石山寺缘起》《粉河寺缘起》等缘起类作品的中心思想集中在“如何往生”这一点。这与之前提到过的平安后期日本人彼岸世界观念的强化,以及作为通往彼岸之路的“灵境”的形成不无关系。人们祈求死后的安乐,于是纷纷去往垂迹坐镇的“圣地”。

这是一条既适用于生者也适用于死者的原理。死者的灵魂、遗骨只要被运往圣地,便能踏上通往遥远的极乐净土的旅途。中世日本流行将遗骨安放到圣地的信仰,其背后也有这种世界观的影响。

---

① 灵境:日语称之为“灵场”,即神佛显灵之地。也指有神社、佛寺的神圣之地,称为“灵境、灵区”。——译者注

三、寻求根源之神

1. 本地垂迹与反本地垂迹

从 10 世纪后半期到 12 世纪的所谓中世成立期，正是佛教世界观渗透到日本社会并形成普遍共识的时期。由此世和彼世构成的二元世界观形成了宇宙观的大框架，之前与人们同处一个世界的神佛、亡者就被分在了两个世界。于是，肉眼看不见的彼岸佛祖的现实性极度高涨，正是这一时期，人们竞相祈祷飞升净土。

我们只想在此指出，平安后期彼岸表象的扩大并不是佛教的净土宗普及的结果，反而是其原因。某个时期，在世界各地都可以看到彼岸世界的形象，平安后期的日本正是这样一个时期。我们应该这样理解：处在这一阶段的日本民众把净土信仰作为亲和思想来接受，认为净土信仰能够强化彼岸表象并使其得到进一步的发展。

对彼岸世界的高度关心，实际上与人们超越现实世界的物象、试图接近根源性存在的意识的高涨密不可分。在佛教的教学世界，教学者往往会十分细致地描绘出救世主所在的彼岸世界的形象。基于确信存在超越地域和民族的普遍世界，许多佛教信仰者把到达那个普遍世界作为目标。源信以后，净土信仰谱系下的佛教信仰者想要通过文字、图画等描绘出极乐净土的样子，就是其中的一项尝试。代表镰仓佛教的法然、亲鸾信仰就诞生于这样的时代思潮中。

在中世日本，净土教风靡一世，但天台本觉思想和密教也占据了很重要的位置。与净土信仰以往生彼岸为理想不同，本觉思想和密教坚持从现实世界中发现终极净土，人们经常认为两者的指向完全相反。然而，中世前期的密教却绝非直接把眼前的世界看作净土。即使本源性真理遍布宇宙，普通人也不可能认知。笔者认为，密教和净土信仰都相信确实存在人类无法认知之神(绝对性存在)且人们都试图接近它,在这一点上,它们有共通之处。

《沙石集》一方面立足本觉论的世界观,主张“我们有共同的法身,区别在于执迷与顿悟”;另一方面又用本地—垂迹理论论述“此法身和光同尘,名为神明”,强调神祇在普度众生过程中发挥的作用。另外,显密佛教的大师们将本觉思想和密教作为至高教义信奉,他们在临死之时也希望能飞升到极乐净土。

镰仓时代的真言僧道范在其所著《秘密念佛抄》中写道,“当世的真言行人”很多都通过念佛祈祷往生极乐净土。而真言陀罗尼则有“往生极乐,速成正觉”的说法(《光明真言四重释》)。除道范外,中世日本的密教界也有人反复强调通过真言的力量实现往生。

对存在于现实世界背后的终极存在的无尽关心,形成了中世日本人的思想基调。巨大的绝对性存在将所有人平等地拥在怀抱中,这种真实感才应该称为中世日本人共通的切身感受。

2. 争夺本源性存在

对持续发展的根源性存在,佛教人士最早用阿弥陀佛、法身佛等概念使其理论化。日本诸神是从佛教概念理论化后形成的本源性存在中派生出来的垂迹,他们在当时日本人的世界观中占有一席之地。但是,有一群人反对这种思潮,他们就是以供奉古来天神地祇为职业的人们。

最迟从弥生时代起,神祭祀信仰在维持日本社会共同体过程中起到重要作用,后来被律令体制下的神祇祭祀制度所继承。佛教传到日本后,在与神祇融合的过程中,虽然神祇祭祀的组织和体系被纳入佛教教团中,但依然有很多氏族、祠官专门进行神祇祭祀。同时,日本也确实存在一些力避与佛教进行融合的团体,自始至终地守护着神祇信仰的独特性。

不管怎么说，神是古代社会作为日本现世神的天皇所拥有的宗教权威的源泉。天皇在位期间不得接触佛教，天皇居住的皇宫紫宸殿、清凉殿也不得采用会使人联想起寺院的基石、瓦屋顶的式样。在神佛融合不断发展的过程中，守护神灵信仰独特性的“神佛隔离”活动也一直在持续。（佐藤真人，1985）

即使在国家层面，神祇祭祀制度虽然不断地发生变化，但仍具有重要的意义。日本律令制时期意在一统全国神社的祭祀制度，到了平安中期已经失去了势力，到了后期，就只在畿内周边一些主要神社实行奉币体制了。这样，中央的二十二社奉币制和地方一宫制相辅相成，形成了日本中世神祇制度“二十二社、一宫制”的模式（井上宽司，2009）。应该说，在中世日本，神祇在国家和地方统治中发挥的作用依然很大。

从古代到中世，神社一直在与佛教的差别化中寻求其存在的意义。伊势神宫就是最具代表性的神社。为了维护神灵信仰的独特性，伊势神宫一直禁止佛教徒进入参拜。实际上，伊势也有神佛融合，事实证明神灵信仰受到了佛教的很大影响。即便如此，使用忌词等很多现象表明，神宫在神祇信仰与佛教之间画上了一条明确的分界线，具有较强的指向性。

在佛教给神祇界带来很大影响的13世纪后半期，伊势开始兴起了新的神祇思潮，那就是由渡会行忠等外宫神官们发起的思想运动而形成的伊势神道。伊势神道圣典的神道五部书认为，宇宙中心有创造并主宰世界的唯一的神且这种观念不断发展。而形成这种观念的基础，是在中世日本有很大影响力的佛教和道教。（高桥由美纪，2010）

绝对化的国常立神和天照大神被称为“大元神”“虚空神”（《御镇座本记》国常立神）及“无上无二之元神”（《宝基本记》）。从这些神往往被形容为“万物本体”（《御镇座本记》天照大神）、“万物总体”（《御镇座本记》丰受大神）等现象来看，伊势神道试图把佛教界最早提出的

“本地”概念纳入自己体系中，并把这种根源性存在从佛教中分离出来而回到神祇信仰中。

3. 本地垂迹和反本地垂迹

受伊势神道影响，日本南北朝时代的慈遍在神祇信仰的基础上以更明确的形式将“根源者”概念进一步理论化。慈遍曾这样阐述将“国常立尊”的别名称为“虚无神”的理由：“只有名而没有实。天地有尽而神无终结。事物的形态会发生改变，但其运行之道不会改变。因为其常常出现并建立国家，所以称之为‘国常立’。”

在这里出现的神，虽然也同样被称为“神”，但与纪记神话中的神完全不同。国常立神这一特定的神已升到使永恒不灭的宇宙成立的终极存在这一高度。慈遍在同一著作中，把神分为“法性神”“有觉神”“实迷神”三类，规定“法性神”与超越“本地垂迹”的“法身如来”同体。由此，神从垂迹的地位解放出来，获得了本地佛的地位。而在此之前，这一地位一直被佛教独占。

在这一历史过程中，室町时代的神道家吉田兼俱粉墨登场。兼俱以祭祀大元尊神的大元宫为中心，建立了供奉全国3000多官社祭神的斋场所——大元宫，进一步推进了神社界的重构和神道从佛教中的独立。除此之外，兼俱还提倡“根叶花实论”，提出“日本生种子，中国长叶子，印度开花结果。因此，佛教是万法的花和果实，儒教是万法的枝叶，神道是万法的根本。其他二教都由神道分化出来”(《唯一神道名法要集》)，从而将反本地说体系化了。在此，神道被赋予了世界中诸思想之“根本”的地位，中国的儒教、印度的佛教都成了派生。

关于如何定义本地垂迹和反本地垂迹的关系，有各种观点，但笔者认为两者之间在思维方式上并无本质区别。在日本中世思想的框架之内，两者均追求根源性存在，区别仅仅在于，是用佛教的教理将“根源者”的概念理论化，还是将其等同于神。

综上所述，中世日本神学对神进行了形而上的考察，超越了佛教、神道等宗派的框架，形成了位于宇宙中心、创造并主宰世界的终极神观念。“中世的神学者们纷纷祈求终极神，试图将神形而上学化。”（山本广子，1995）这无非是通过对纪记神话的重新诠释，构造独自的思想世界（《中世日本记·中世神话》）。（伊藤正义，1972）

4. 内在神的发现

中世神学中，神的救赎者化、绝对神化促成了此前并未存在的新型神的诞生，那就是存在于人内部之神。在古代，神是完全与人对立的存在。神在人的外侧，是施展灵异的主体。与此相对，到了中世日本，试图从内心发现神的思想终于产生了。（伊藤聪，2011）

成书于平安末期的《中臣祓训解》中记载，神分为本觉、始觉、不觉三种，伊势神是本觉，因为他是“本来清净之理性，常住不变之妙体”，所以被命名为“大元尊神”。大元尊神显示了无论任何事情都不为所动、平静如水的境界，而一旦脱离了内心，则不管是神还是悟道的世界就都不存在了。因此，大元尊神被称为“本觉”。这样的论调成为中世日本纪中的惯有理论。同样想法，亦多见于“心就是神明的主体”（《宝基本记》），“内外皆清净，神心我心无隔绝”（《太神宫参拜记》）等诸多中世文献中。

大乘佛教中本来就有将终极的悟道境地同人内在的佛性联系在一起的理论。平安时代后期，这样的理论因本觉思想的兴起而进一步深化。天台本觉思想的早期文献《天台法华宗牛头法门要纂》中记载：“心性的本源是凡圣一如不二。其名为本觉如来。”这就是“心性本觉”思想，主张凡人之心在本质上等同于永远不灭的佛祖。人们通过内心与宇宙终极真理即法身佛不可分割地联系在一起。在中世日本，这种认识通过“开在胸中的莲花隐藏在待春之花的枝叶中”（《海道记》），“人心存莲花，花中坐佛祖”（《极乐寺殿御消息》）等浅显易懂的表达方式在人们的日常生活中传播开来。

从“本觉神”(《中臣祓训解》)、“法性神”和“法身如来”(《丰苇原神风和记》)等名称中,我们可以明显看出,日本中世根源神的观念深受同时代佛教思想的影响。当时一些神学家将佛教对终极存在进行探求的理论与实践导入神祇世界,并试图以之证明神的绝对性。如此一来,过去与人对立、从外部起作用的神,就成了遍布宇宙、发挥救赎职能的存在。同时,这所谓的“神”,又是所有人都拥有的原始的悟道本能。

这就是后来把俗人、凡人也祭祀为神时的核心理念。关于此点,我们将在下一章中详细论述。神祇信仰中把人神向所有人开放的理论产生于与佛教对抗形成中世神道思想的过程中。中世后期,把人祭为神的例子越来越多,其原因除了本觉论的思维渗透之外,还有中世神道中人类观深化的影响。

马克·田伟文(音译,Mark Teeuwen)指出,将源于中国的“神道”一词转化为清音标记“しんとう”发生在14世纪,其原因是“神”一词从集合名词转换成了抽象名词(马克·田伟文,2008)。这一现象与同一时代神祇世界中“中世神话”的形成密切相关。

但是,神祇世界虽经这一系列革新运动,却仍未能取代佛教在日本中世宗教世界的主导地位。神祇信仰最大的弱点在于,它缺乏当时人们渴望宗教具备的一个最重要机能——将死者送往彼岸的理论与实践。就连中世神道思想运动中心的伊势神社里的神官们,都不得不将自己的葬礼事宜交托给佛僧。

第六章　不离去的死者

一、栖于草木国土之神

1. 讲经的草木

从12世纪到13世纪，浓厚的彼岸表象及死后世界的现实性达到顶峰，但从13世纪后半期开始由盛转衰。于是，整个日本列岛再次发生了精神世界的巨变。

从14世纪到16世纪的中世后期，受到这种变化的影响，人们从此世往生到净土的愿望变得不那么迫切。虽然在石塔碑和祈文中，祈祷“往生净土”的词汇表达依旧持续大量地反复出现，但是与对死后的关心相比，日本人的兴趣逐渐转移到“如何在这个世界上充实地活着”。

由此可知，人们对彼岸世界的关注有所衰退，而现世世界在人们心中的分量随之增加。经过近世至近代，社会的世俗化真正开始了。人们丧失了对死后往生世界的现实感知，比起来世的救赎，他们更重视当下生活的充实感和幸福感。

一遍的《一遍上人语录》被视为净土信仰谱系中的一部分，其中有这样一段话：

> 念佛的修行者应该抛弃智慧与愚蠢、善与恶的界限、贵贱高低的道理、恐惧地狱的内心、向往极乐世界的心愿以及对诸宗的参悟，只有抛弃一切念佛，弥陀超世的本愿才能实现。正因为能达到如此境界，才能无佛无我，进而更了悟一切所谓终极的道理皆空无一物。善恶之界皆是净土。对心外之物不求也不厌，万千生物，从山河草木到拂风涌浪，无非念佛。

这里完全没有了法然把这个世界看作秽土并否定现实的观点。亲鸾强调，即使在现世世界中，仍然可以往生(等同于如来)。他比法然更有作为“恶人”的强烈自我认识，并且更加看重现世的反省。

而一遍则说，应把现实世界看作净土，从吹拂的风声和拍打的潮水声中倾听佛的声音。一遍这些话完全缺乏对现世的否定，同时，也看不到他对死后理想世界的憧憬。

把真实的现实世界当作净土，并可以从念佛之人身上找到佛的影子。《一遍上人语录》的这种观点与其说是属于源信到法然的净土信仰的系谱，倒不如说更接近于平安后期颇为流行的天台本觉思想。然而，虽然两者同样在现实世界中探寻普遍真理，但它们在社会中实际发挥的功能却大相径庭。

本觉思想和密教认为，离开现实世界以及生活在现实世界的人，净土和本佛皆不存在。但在日本中世前期，人们普遍认为，宇宙的终极真理(法身佛)不可能出现在我们眼前，他的声音也不可能直接传给众生。普通人既感知不到法身佛的存在，也听不到法身佛讲经。两者间不可或缺的是中间人(垂迹)。

因此，在浓厚的他界印象笼罩着社会、强烈的来世志向愈发清晰的中世前期，从森罗万象的背后看到佛影的本觉思想以及密教思维，与其说是对俗世现实的“绝对肯定”，倒不如说是把整个世界完全神秘化。

2. 神山的思想

到了日本中世的后期，彼岸表象衰退，现世与彼岸之间的紧张关系有所缓解，神山思想开始肯定世俗社会的日常生活并发挥积极作用。

形成于中世前期、主张在人类内部找到绝对性存在（神）的观点到了中世后期进一步深化，直至超越佛教、神道等各宗派的差异，被社会广泛接受。人类不仅从自身内部，也开始在自然界中发现神及其影响。上述引用的《一遍上人语录》的思想，便是产生于日本人的精神世界发生转换的过程中。

室町时代具有代表性的歌人正彻曾咏过这样的和歌：

有马山自佛，清泉岂不悟。
山亦皆本佛，不绝风说法。

在正彻看来，山就是永不变化之佛，吹过小树林的风声则是佛在说法。正彻的弟子心敬继承了老师的思想，曾有过以下一段论述：

> 真正的佛、真正的和歌都不应该保持固定不变的姿态，而是会顺应时势，并且应该表现感情，展现天地的森罗万象。正如同变身为无边无量的法身佛那样，应该沉着在胸。这可称作“等流身佛”。而且此法身佛即使是等流身的如来，也并没有实际形态。只有不拘泥于某一处才能够悟到佛教真理而具有正确见解。因此，古时有段公案，说有个佛弟子问赵州和尚“如何是祖师西来意”，师答曰“庭前柏树子”。但若当时再向那名弟子询问其中旨趣，其必答曰：“吾师并无此言，此为诽谤吾师。”可见，法身佛并无一定的相，森罗万象即法身，是故我礼一切尘。（《碎事》天理本）

这里要说的是天地间森罗万象本身皆是法身佛(终极真理)。法身佛栖于点点微尘中,并无定形,根据时间推移发生着无限的变化,但无论哪一个瞬间的姿态均显示出本真。同样,和歌也不应被特定的形式所束缚,最重要的是表达万物变化带给自己的感动。

不仅是人类,草木、动物、石头、瓦砾等世上的一切存在皆有佛性,正如“草木国土悉皆成佛”这句话所总结的,眼前的现实本身便是真理,我们应该接受。这种观点在日本中世后期广为流传。根据该理论,一切万象都自具佛的本性,有实际成佛的可能。理想世界并非存在于无法认知的异次元空间,也并非隐藏于现实的背后。眼前的广阔景象即是净土,那里耸立的山峰即是佛。反过来也可以说,我们所追求的佛或净土是日常生活中进入我们视野的自然或者事物,除此之外别无他物。

笔者在本书第三章已经论述过,神栖于山的这种观念虽然已经普及,但是在日本古代尚不存在把山本身视为神的观念。直至日本人从自然中发现了神乃至“草木国土悉皆成佛”的理念得以渗透的中世后期,“将山视为神体并进行遥拜”的信仰的普及才成为可能。把山视为神的思想经常被认为是日本自然观的典型,但这一思想绝非太古以来“万物有灵论”的传统,而是经历了中世神内在化过程后出现的高度抽象化理念所产生的思想。

“草木国土悉皆成佛”的思想广泛地渗透于室町时代的艺术世界。在能乐世界,樱花、柳树、芭蕉等植物精灵化作人形出现,并与人类进行对话。正如同“知柳绿解花红,真我色香之草木,皆为成佛之国土”(《芭蕉》)所描述的那样,植物在四季展现不同的姿态即是成佛之相。除此之外,室町时期的艺道论中几乎每篇都会援引本觉论的草木成佛理念,强调顺应自然四季。

3. 幽灵的诞生

关于“能”另一点引人注目的是幽灵的频繁登场。元雅的《隅田川》讲述了这样一个故事：一位母亲为了寻找被人贩子拐走的孩子而去往东国，但却在隅田川渡口处发现了一年前已经逝去的孩子的墓碑。这位母亲听了船夫的劝告后给孩子摆上贡品，并口念阿弥陀佛，随之从坟墓中传来与母亲念佛声相附和的声音，并出现了亡子飘渺的幻影。然而等到天亮再看时，母亲看到的只是坟墓上茂盛的青草。

中世后期不再希望去彼岸的幽灵

在中世前期，日本人认为死者应该去往他方净土世界，留在这个世上的死者基本上是不幸者。虽然在能剧中也有像《求塚》中出现的那类幽灵在地狱中被百般折磨的作品，然而多数死者停留在墓中，或应人们的呼唤或凭借自己的意志实现与生者对话。并非只有特殊的人才能以幽灵的形象出现，如《隅田川》中那个孩子一样，普通的人也以幽灵的形象出现了。幽灵抱有怨念而令人恐慌、未得超度而值得怜悯等观念在日本中世前期还很淡薄。

在《采女》中，采女跳入猿沢池自杀身亡，她的幽灵对旅途中的僧侣说“请让我得到佛果”，并请僧人代为供养。应采女的请求，僧侣对采女进行了超度，并对其讲了从一切有生命之物到“草木国土”皆可成佛的道理。采女说自己如龙女一般实现了“化为男子”而即身成佛，并往生于“南方无垢世界”，且兴高采烈地跳舞以祝贺盛世，随后便消失于水底。

这里说的“龙女”其实是《法华经》中“提婆达多品”里的娑竭罗龙王的8岁的女儿。经中记载，尽管龙女在此前一直被视为不能成佛的女子身，然而在听受佛的教诲后立即变成男子，前往南方无垢世界，为众生说法去了。

在《采女》中，被视为龙女往生之处的南方无垢世界被推定为猿泽池。采女的幽灵停留于其自杀的池中即是往生，也意味着得到超度。在此，此世与彼世、现实与净土的分界线被模糊化了。与中世前期的净土信仰对比时，我们发现，“往生”的观念完全发生了变异。促使这一根本性改变的主因是他界净土的现实感的衰退。

佛并非超越了人的认知范围而存在于某一遥远的世界，而是存在于现世内。与此相应，死者应该去往的净土也在现世中。人们逐渐形成这样的想法：死者的安稳并不是去往遥远净土，而是在现实世界中某个适合的地方找到自己的安身之地，一边与生者对话，一边在那里安稳地生活。

二、变身的人们

1. 垂迹的圣人们

中世尤其是中世前期，圣人、高僧等日本的各类人等都相信彼岸的垂迹。随着佛教世界观的普及，中世的人神信仰有了以下这种构造：特定的人们被编入本地垂迹的框架中，成为连接此世与彼世的救赎者（神）。如果说用“灵异”这个词来概括古代的神（包含人神）的作用，那么其作用在中世则是“救赎”。

然而，中世人神的作用还不止如此，有很多其他类型的人神存在。

比如，有些人主动赋予自己某些使命，而为了完成这一使命，死后仍继续留在这个世上。

镰仓时期任摄政、关白的上级贵族九条道家，在定下遗产分配规则的遗嘱中写道：如果自己顺利往生净土的话，就用“天眼”；如果无法往生到净土而流转于三界，他也会用“肉眼”继续监视子孙，如有子孙违背该遗嘱，他就对其施以惩罚（《九条道家总处分状》）。镬阿寺的中兴之祖足利义兼也在其临终之际表示，如果死后成神，将承担“镇守此寺”之重任，其内容也在“记文”中流传下来（《镬阿寺桦崎缘起并佛事次第》）。在这两个例子中，当事人都起誓，如果自己死后成了神，就会践行作为守护神的职责。

元三大师良源的护身符

在中世思想脉络中，究竟应该如何对“明确表示自己要成为神”这一提法进行定位呢？这的确是个难题。在本地垂迹理论中，垂迹在指引人们去往彼岸的同时，也带来各种各样的现世利益，以使人们与佛法结缘。垂迹同时还严厉惩罚与佛法作对的势力，并肩负引导人们步入正确方向的使命。

《后拾遗往生传》中有这样一段记载：慈惠僧正（良源）为了守护比睿山的佛法而没有去往净土。他认为，作为“护法”留在山间，也等于是往生极乐世界了。垂迹一边自由自在地往复于净土和现世之间，一边履行着自己的使命。

然而，仅仅凭借九条道家或足利义兼的例子就用这一理论来论断所有现象并不合理。这是因为，虽然看起来他们的主张所依据的是佛教理论，但笔者认为却潜藏着与佛教相异的地方。

2. 成为神的始祖

那么，所谓异质性，又是什么呢？在这里，我们会想起从平安时代后半期日本开始出现的一种现象。当时，在被称作“在地领主”和“名主”的上层农民之间有一种习俗，即将死者埋在自家地盘中。当然，宅地墓葬在今天仍是日本的一种习俗。然而在中世，并非与“家”有关的所有人都会被埋葬，只有宅地的建立者、家的创始者这类特别的人物才会有如此待遇。胜田至认为，宅地墓常被视为与其周围种植的树木为一个整体。从这点来看，当时的人们认为：“埋葬于宅地的死者之灵魂栖于树木，其灵力世世代代守护宅地和田地。”（胜田，1998）

镰仓幕府的创始者源赖朝，死后被葬于大仓的北山的半山腰，据说这样便可俯视幕府及镰仓城。在平泉中尊寺，藤原三代的遗骸也被安置于海拔很高的金色堂内，那里适于远眺整个城市。关于这两处遗址，入间田宣夫指出，这是居于城中的人们选择了其祖先视线所及的场所并进行了特别设计，目的是祭奠作为守护神的先祖（入间田，1994）。成神的祖先拥有如此巨大的影响力，甚至影响到了城市的规划。

我们认为，“始祖成为神并庇护子孙”的观念与在天皇灵、藤原镰足等人身上可以看到的日本自古以来的“死者成神”的观念一脉相承。日本佛教把这些人神编入到救赎论中，将之定位为“法身佛的垂迹”。尽管如此，与这一佛教教理的主张完全不同，一族或一家中的特殊人物死后仍留在现世守护子孙、惩罚敌对者的观念，即使到中世依然被日本社会所广泛认同。

但是，被安放于金色堂的藤原三代的木乃伊在被视为平泉的守护者的同时，也作为引导人们往生彼岸的救赎者而成了人们信仰的对象。正如这一现象所体现的，日本中世人神的特色大概可归纳为：他们一直拥有死后世界使者的身份。在藤原氏灭亡后，金色堂成为祈求往生的人们参拜和祈祷的对象，同时也接受遗骨的安放。（佐佐木徹，2006）

作为中世的人神，九条道家、足利义兼等人的另一个独特之处在于，他们在主动希望成神的同时，还确信他们的愿望能够实现：他们这种拥有特别力量的人，死后并非凭借别人的供养成神，而是基于自己的愿望成神。这一点昭示着新型人神的出现。

3. 诹访的人神

如果再列举一些中世人神特色的话，就要提到活着的人被视为神的“现世神”了。其中广为人知的就是诹访信仰中的现世神。（井原，2008）

在诹访市立博物馆收藏的大祝家文书中，有一则《大祝诹访信重解状写》的文书。在这张请求终止下社新仪的非法行为的诉状中，有一些将诹访上社的大祝视为神的有趣表述：

> 一、以大祝为御体
>
> 右、大名神垂迹之后，现世人神，国家镇护置于眼前，观其根机，刻御体隐居，誓言如是说：“吾无别体，以祝为御体，如欲拜我，皆应视祝。”如此等等。

自諏访大明神垂迹于諏访之地后，他开始成为人们可以公开参拜的神(现世人神)，肩负着镇护国家的使命，然而有时会根据人们的状态而隐身。那时，神会让巫祝代替自己履行职责，并立下誓愿：如果人们希望参拜神，就请他们参拜巫祝。

关于諏访的巫祝，在《吾妻镜》中有这样一段话："大明神依据神主大祝之命令宣旨。"[文治二年(1186)十一月八日条]大祝作为神的代言人，承担着为神传话的职责。

用本地垂迹的理论解释諏访大明神的由来，由此可以看出佛教思想的浓厚影响。另外，在这个文书中，将活着的大祝视为神的代理人，并认为其与神一体，现世神信仰的特色显露无遗。

体现中世现世神信仰的另一个例子就是若狭的《神人绘系图》。它正式的名称为《若狭国镇守一二宫神人绘系图》，在描绘有关一二宫创建缘由的画之后的初代节文之下，画着该宫殿历代祢宜[①]的肖像画。每两代祢宜的肖像画为一套，画中人呈面对面的姿势。其对面的右侧是奇数朝代的人物，以三曲屏为背景，坐在床座上；而位于左侧的是偶数朝代的人物，坐在普通的榻榻米上，其后无背景。

这种独特的表现形式背后的思想，可从"若狭国镇守一二宫故事"中略窥一二：

> (一宫、二宫)二神盟约曰：永世将节文之子孙视为社务神主，一代为神，一代为凡，应以"笠"字为其姓，直至后世亦不能改。

在若狭国一二宫中，依据二神的盟约，在初代的节文之后，社务神主以神和人的姿态交替出现，不过皆以"笠"为姓。因此，在奇数朝代的社务中有特别的装饰，而有着该装饰的人就表明是"神"。(黑田日出男，1993a)

虽然可成为现世人神的仅限于当权者和神官等特殊人物，然而人

① 祢宜：神社的官职之一，位于神社最高职位的宫司之下，具有辅佐宫司的作用。

们已无须再像古代天皇灵那般要经历声势浩大的仪式才能成为神。在有生之年,根据自身意志、在不同场合化身为神的时代已经到来。

4. 受苦神·变身人

翻开与中世人神的特色有关联的中世本地垂迹读物,我们会看到很多这样的故事:人活着很痛苦,最终因变身为神而获得重生(中村,1994)。其中具有代表性的例子就是甲贺三郎在地底彷徨无助,最终褪去蛇身,化身为诹访明神的传说。

根据《神道集》中的"诹访缘起事"可知:甲贺三郎是安宁天皇的第五代子孙、近江国甲贺郡地头、诹访权守诹胤的第三个儿子,在其父亲死后排挤了两位兄长而接任了总领之位。三郎迎娶了在三笠山参拜明神时邂逅的春日姬为妻。然而,在伊吹山围猎时,春日姬被天狗强行掳走。为了找寻妻子而走遍千山万水的三郎,在信州蓼科山的山洞里发现了春日姬,尽管将妻子平安救出,却因哥哥次郎的计谋而被困于洞中。

三郎在山洞中摸索前行,在走过七十二国后,终于在维缦国国王及其女儿的帮助下从浅间山到达地面,但他的身体已化为蛇形。在白山权现、富山浅间大菩萨等的帮助下,褪去蛇身的三郎与春日姬再会,在远渡大陆并取得神力后回到日本,作为诹访大明神的上宫显现于世,而春日姬则显现为下宫。

虽然只是神话传说,但是主人公历经磨难最终成神的故事在日本中世社会广为流传,引发了人们的共鸣。

甲贺三郎虽曾一度化身为丑陋之蛇,但是在日本中世,人变身为邪恶之物的故事并不少见。在镰仓时代初期庆政所著的说话集《闲居友》中,有一则"怨恨深重的女子活着便化身为鬼"的故事:

> 一男子常拜访住于美浓国的一女子,但过了不久男子便不再来了,于是女子闷闷不乐地待在家中。后来女子突然想到了什

么，将头发卷起梳了五个发髻，并涂上糖将其固定成角的形状，又穿上红色的裤子，随后便消失于夜色中。

过了约三十年，这样的故事在民间广为流传：在美浓国野中古堂的天上住着一个鬼，专吃幼小的牛倌。为了消灭这个鬼，全副武装的人们将古堂团团围住并点起了火……果不其然，一个长着五只角、腰间围着红衣裳的鬼跳了出来。这个鬼说，她就是那个失踪的女子，在杀掉那个男子后就再也变不回原来的样子，于是只好潜入这个古堂。最终，她跳入火中结束了性命（大意）。

至于活人直接变成鬼的故事，比较有名的要数安达原的鬼婆。谣曲《黑塚》（安达原）讲述的是这样一个故事：两个高僧在陆奥的安达原借宿，这家的女主人其实是个女鬼，两人发现这一真相后要逃跑，而女鬼现出原形将两人逼到绝境。这个鬼婆也是一位拥有悲惨过去的女子。

《愚管抄》卷七中收录了这样一个故事：光仁天皇的皇后井上内亲王因为心中怀有深重怨恨而化为一条龙，并杀死了藤原百川。过去曾作为御灵出现的井上内亲王，在该作品中活着就变成了龙。

人不单单会变身成鬼。《法华验记》（下）及《今夕物语集》卷一四收录了一则变身为大蛇的纪伊国女子将爱慕的高僧杀害的故事。那位高僧在知道自己所抛弃的女子变成了蛇并追赶自己后，便逃入道成寺，并接受寺僧们建议藏到钟里面，但女子所化毒蛇的瞋怨之火最终也将其燃为灰烬。《道成寺缘起》中生动描绘了女子在奔跑过程中逐渐变身为蛇的情形。

中世是人活着能够变成神佛或恶鬼的时代。如果换一种表达方式的话，也就是说中世是一个人神距离缩小的时代。一方面，遥远的理想净土和普遍的绝对神不断膨胀；另一方面，没有得到救赎的人与神则蠢蠢欲动。

道成寺缘起

5. 神与人的接近

为什么在中世，无论在生前还是死后，人与神都能迅速接近，人们还创造出那么多有关人神的故事？笔者认为，上一章论述的神的内在化逻辑发挥了巨大的作用。随着中世彼岸世界的扩大，人们对于神的认识深化，发现了内在神。这为人神信仰提供了教理基础，并导致了中世人神范围的扩大。

如日本古代那样，只要神是外在于人的存在，普通人就很难成为神。只有像天皇那样，生前拥有绝对的权力及权威，死后也极尽哀荣的人，才可最终上升为神。与此相对，中世的神道说则开始从内在层面理解神，并强调人类的本性以及与神的一体性。

内在的神圣性这种思想本来就属于大乘佛教，但随着佛教系神道思想的展开，或者说是在神官与佛教对抗、推动教理体系化的过程中，内在的神圣性被纳入日本神祇思想体系中。所有人类均拥有内在神圣的本性,“显现这种本性即能成为神佛”的观念逐渐渗透到日本社会中。

但是在日本中世前期,“人成为神”理论的主流,只是被纳入本地垂迹的理论体系中,成神之人被定位为救赎者。在此,作为垂迹的人神,被彼岸佛光普照,辉亮如月。在人神创造理论普及之前,自行发光的内在之神尚需经历从中世后期到近世的漫长的过渡时期。

三、权社与实社

1. 被祭祀的死灵

在从古代到中世的转换期,僧侣几乎独占了宇宙论解释权。日本传统的神祇是彼岸佛的垂迹,他们引导人们到达终极解脱。日本著名的神,无一例外地被设定为本地佛,而在神社前祈求往生净土的人们也成群结队。

从历史上来看,最初反对这种情况的是以伊势为首的一部分神官。他们勇于挑战佛教僧侣独占的解释权,试图让本源性存在重新回到神祇的范畴中。“本觉之神”就是在围绕宇宙论进行的斗争中所产生的观念。

然而,佛教界与神祇界之争并不止于围绕终极存在的解释权而产生的对立。且不说以伊势、贺茂为代表的权门社家所拥护的神,单单是地方上就存在无数的神。另外,还有既非佛又非神的各种类型的神:有作为人神被祭祀的“家”的创始者,有的神社将狐狸、狼等动物祭祀为神,有因未能顺利地上升为天神或御灵而抱有邪念的死灵、怨灵等。

究竟应该如何在教理体系中去定位被各地人们普遍信仰的神?这是中世佛教僧侣不得不面对的重要课题。

应运而生的是将神分为权社(权化)和实社(实类)的两分法,彼此就可以将日本列岛上的所有神分为作为佛垂迹的前者和除此之外的有相无相的后者两大类。

贞庆请求朝廷禁止法然的专修念佛而创作了《兴福寺奏状》，其中指出专修念佛者的第五点过失是“违背灵神之误”，同时也批判了念佛者提出的“若依神明，必堕魔界”的所谓不拜神祇的主张：

暂且不论实类的鬼神，权化的垂迹已为大圣，上代的高僧皆皈敬之。……末世的沙门尚尊君敬臣，何况对于灵神。故而对这般言论，应当予以废止。

贞庆将神区分为“实类”和“权化”两种，他认为前者暂且不论，不礼拜后者是难以想象的事。

2. 被排除的实社

贞庆将神分为实类和权化两类，这一分法得到日本中世佛教人士的广泛认同。

存觉的《诸神本怀集》一方面阐明应该尊重作为佛垂迹的“权社灵神”，另一方面又主张应该忌避作为“生灵、死灵之神”的“实社邪神”。据《诸神本怀集》，所谓“实社”正是指“或人或畜因鬼神作祟而苦恼之时，为了令其安生，而予以祭拜的那一类神”。书中还论述道，这些尊崇“邪神”的现象虽与“正义”相背离，但实际上，在被世人所崇拜的神当中有许多该类型的神。

有关神的分类的记述，也散见于中世其他许多史料中，比如：

大抵神明应分为权、实两种。权社的神出自法性真如之都，却居于娑婆世界，与愚痴众生结缘。实社的神为恶灵、死灵之显现，是对众生作祟者。（《源平盛衰记》）

而关于权者神、实神之事，则有：

天照大神、八幡大菩萨等作为神佛予众生以利益，为权现权

者之神。所谓实神，是指牛马等死后其灵作祟而形成之神。(《神祇正宗》)

在这种二分法之外，中世的神道书中将权社改称为“始觉神”，而且将前面章节论述的“本觉神”也加进来，出现了“本觉神”“始觉神”“实迷蛇王神”的三分法(《日本纪三轮流》)。慈遍的“法性神”“有觉之神”“实迷之神”的划分也是基于同样的想法。不管是哪种划分法，人的死灵和动物灵都被视为不值得崇敬的邪神，这与佛之垂迹的权社存在严格的区别。

在中世，不论是占正统地位的与寺社权门相关的佛教者，还是拥有神祇信仰的团体，都给来历不明的地方神祇贴上了“实社”的标签，并试图将其从各自的信仰体系中彻底排除。

3. 实社的反击

作为“实社”被排斥的诸神，并没有轻易地向这种逆境屈服。慈元的《愚管抄》是一部试图以“冥”(神佛的世界)与“显”(人类世界)两个世界错综交互的原理解释历史的著作。慈元认为，作为冥的道理之一，应该指出的是，古来就存在“怨灵”这种毁灭世界、毁灭人类的事物，其代表有井上内亲王、藤原朝成、藤原元方、藤原显光等。同时，他又指出，近年来崇德上皇、藤原忠实之灵也在世间引发了混乱，给人们带来危害。

到了中世后期，与实社不同的怨灵等神的活动愈发活跃。《太平记》生动地描绘了怨灵的活跃。第 27 卷的“云景未来记之事”一节描绘了许多怨灵云集于爱宕山深处的院子中，商讨如何祸乱世界。在此云集的有爱宕山的大天狗、太郎坊，死后成为恶魔统帅的崇德院、淳仁天皇、井上皇后、后鸟羽院、后醍醐院等几代日本君王以及成为大魔王的玄昉、真济、宽朝、慈慧、赖豪、仁海、尊云等高僧。在第 25 卷中，也有以大塔宫为首的宫方的怨灵聚集在仁和寺的六本杉，商量着如何能引起世间骚动的故事。当时他们提出的方案是附体于北朝要人身上，挑拨足利尊氏和直义兄弟之间的关系，并煽动高师直反叛。

这些怨灵、大魔王与对个人作祟的阴魂不同，被认为对社会有巨大影响力。正因如此，在地方上，他们和御灵一样，常被人们当作神来祭祀。在中世前期的宗教界，居于正统地位的佛教修行者和神道家给他们印上"实社"的烙印，并试图将他们从信仰世界的宇宙论中剥离出去。然而，《太平记》中怨灵活跃的描写甚多，由此可见，这种尝试都未成功。而像崇德院、后醍醐天皇的怨灵，更是被日本社会广泛接受，发挥了巨大影响力（山田，2001）。那简直是一个怨灵撼动日本历史的时代。

4. 消逝的他界净土

即使在向往往生净土的中世，现世中也不是只有那些为往生彼岸做好准备的人，而是会有很多死后滞留此世的亡灵。他们对生者将产生各种各样的影响：有的死者因沉重的罪业而堕落至饿鬼道中，在墓地彷徨流浪；有的魔王作为怨灵将在社会上引起混乱看作自己的价值所在。相反，也有人因自身意愿而成神，留于此世守护子孙。在日本中世这一时代里，形形色色的死者与生者一起构成了这个世界。

到日本中世后期，彼岸净土的吸引力逐渐减弱，除了那些特殊人物之外，就连一般人也坚信死后能够永久停留于现世。于是，无法纳入垂迹——救济者这一范畴中的人神，在历史舞台上闪亮登场。此时，彼岸理想世界的现实性逐渐弱化。人们对于神佛的主要关注点逐渐从死后的救赎转移到现世的安乐。在现世中，这种世界观变动固然是导致人神势力增强的主要原因，然而他们将彼岸的中心由不可视的世界、死后的世界拉回到现世。人神猖獗的现象从内部否定了以二元世界观为前提的中世本地垂迹的理论，致使其发生了本质性变化。

如上所述，日本中世后期出现了大量活跃在现世舞台的新型人神，进一步扩大了本地垂迹说的漏洞。

第七章　东照大权现的思想

一、争夺神的时代

1. 宗教起义的理念

在日本列岛,彼岸世界真正意义上的衰退发生在 14 世纪以后的中世后期。此时,比起向往死后彼岸世界的超度,人们更愿意追求现世的充实生活。

14 世纪的日本南北朝时期,被称作“惣”的地缘共同体在西日本各地逐渐形成。在平安时代以及镰仓时代,村落的运营由一部分上层农民垄断。与之相对,“惣”则采用大部分成员集体协商的体制。

作为农民自主经营组织的“惣”的成立,促进了人们精神世界的独立。集结于“惣”的农民为了使自己的生活基础更加富足、强固,强硬地向领主提出减免地租等各种要求。如此一来,以“惣”为基础进行的所谓“庄园起义”的农民争取权益的斗争愈演愈烈。进入 15 世纪,庄园起义发生了质变,由以村落、庄园为单位的经济斗争演变为多数庄乡密切协作的政治斗争。这宣示了农民起义时代的到来。

另外，放眼都市，从日本南北朝开始，在首都京都，商人阶层获得显著发展。与此同时，京都由曾经的帝王城迅速演变成商业化都市。应仁之乱（1467～1477）以后，被称作“町众”的有势商人作为复兴荒废京都的主角发挥了不可忽视的作用，他们有组织地积蓄武力并团结起来，终于在16世纪取得了京都市内事实上的自治权。无论在农村还是都市，民众大范围地集结起来并成立自治组织，要求幕府以及大名减免地租。

从日本社会的整体来看，中世纪后期可以说是他界表象淡化的时代。然而另一方面我们会发现，整个日本中世都强烈地主张彼岸世界的客观存在，并将某一特定的佛祖视为绝对的存在。这与重视本佛是救世主的亲鸾以及日莲宗的派系一脉相承。中世后期力量迅速壮大的民众接纳了这一理念，但他们与其说是将其作为死后超度的依据，倒不如说是将其作为与世俗权力对决时的精神支柱。换句话说，人们把与超脱现世的伟大人格神的直接联系，作为反抗统治权力的根据。（佐藤弘夫，2010a）

在15、16世纪影响巨大的法华之乱、一向宗起义、天主教思想里面，我们可以明显看出这种理念。人们集结在释尊、弥陀、宙斯等绝对的人格神之下，要求实现平等。但他们要的却不是来世或者观念世界的平等，而是试图通过排除与其敌对的统治者，在现实世界实现他们所要的平等。受此影响，西日本各地形成了真宗门徒所统治的“佛法领地”，在京都，则逐渐诞生了以日莲宗门徒为核心的町众自治圈——“释尊御领”。（藤井，1959；黑田，1975）

2. 统一权力的宗教政策

平息了这一系列宗教之乱的是织田信长以及丰臣秀吉等掌权者。这场对宗教的斗争逐渐演化为彻底而惨烈的杀戮。这场激烈斗争的结果是，一向宗起义被平息，天主教被根除。延历寺、兴福寺等大寺院也被没收了领地，剥夺了治外法权。到江户时代前期，日本所有的宗教势力均已屈服于统一权力。本来，宗教对世俗的统治权力持对立的观点，而这一系列宗教之乱的平息使作为社会势力的宗教消失殆尽。

统一权力不仅剥夺了教团所拥有的世俗权力，而且在理念上也欲使之屈服，典型例子就是对日莲宗不受不施派的镇压。

文禄四年(1595)，丰臣秀吉在东山方广寺大佛殿召集各派僧人，举行供养千僧仪式。京都日莲宗也收到了邀请，围绕是否参加这次法会，教内意见分成了两派。其中，日奥基于日莲宗的主张，坚持法华一经是绝对真理，不能妥协于其他宗派，认为“既不施于其他宗派(不施)，也不接受其他宗派信徒的供养(不受)”是宗门原有的态度，主张不应当接受非本宗信徒的丰臣秀吉的供养。与之相反，日重则认为，只有国王丰臣秀吉的供养是例外，无法拒绝(受而不施)。

日莲宗内部的“不受不施”论争并不限于是否接受国王布施的表面问题，我们不应忽视的是其背后所隐藏的世界观的对立。持“受而不施”立场的日重等人以国王是国土的最高掌权者为前提，认为在国土上生活就是国王的恩惠，是接受供养，理所当然应当遵从国王的命令。对此，日奥则持反对意见，认为“现在整个世界均是教主释迦牟尼的领地……一个小国的君主不能侵占释迦牟尼佛的领地”(《宗义制法论》)，只有作为绝对性存在的释尊是国土本来的统治者，即便在此国土上居住，也绝对不能接受国王的供养。

经过这次论争，日莲宗各派分裂为“不受不施”和“受而不施”两派。之后日本的统治者不断更迭，而“受而不施”一派作为日莲宗公认的宗派，经历近世后仍得以存续下来。另外，主张超越世俗权力并强调宗教权威的“不受不施”派则在遭受几次镇压后，最终于宽文五年(1665)被彻底禁止，其活动也不得不转入地下。

3. 信长、秀吉的神化

日本的统一政权并没有满足于宗教势力的屈服。掌权者曾亲眼目睹一向宗起义那样可怕的力量，为防止民众和敌对势力以信仰为借口再次造反，对他们而言，重要的是将宗教权威纳入自身统治秩序中，用于强化自己的权威。为此，他们自身想要变成神。（朝尾，1974）

将掌权者神格化的意图在织田信长身上即显示出来。1582年11月5日，耶稣会士路易斯·弗罗伊斯向其总长呈送报告书《耶稣会日本年报》，详细地记载了织田信长是如何把自己神化的。

据该报告书记载，平定日本大半国土的织田信长曾说过："自己不是应该死去之人，希望自己如神一般永不泯灭，被人们敬仰。"因此，他在安土城山上建造总见寺，希望被人们供奉为"神体"以及"活着的神佛"，为众人所崇拜。他还希望，去参拜他的人们凭此功德可以获得富贵长寿，后继无人者则可子孙满堂，大家都能过上和谐安定的生活。相反，不信仰他的恶人无论是现世还是来世都会灭亡。

关于信长的神格化，由于受到史料的制约等原因，我们无法找到印证上文论述的证据。但依据可信的文献，我们可以在某种程度上了解到后来掌权的丰臣秀吉神化的原委。由于丰臣秀吉在生前就有要神化的意愿，在庆长三年(1598)秀吉过世后，幕府就迅速进行了部署。主要负责人是吉田家出身的梵舜。

在为丰臣秀吉举行葬礼后的次月，幕府就早早开始着手建立祭祀丰臣秀吉的庙宇建筑。历经大约半年，神殿即告建成，并立即举行了迁宫仪式。最初幕府将其神号定为"新八幡"，而最终则采用了"丰国大明神"的名号。

4. 吉田神道的作用

据说，人们之所以违背丰臣秀吉的遗愿，选择"丰国大明神"作为其神号，是受到梵舜所在的吉田家的神道思想的影响。我们之前曾提到，吉田兼俱把神道作为诸教的根源，提出了所谓"根枝花叶实说"，旨在将被佛教修行者独占的宇宙论的解释权夺回神祇信仰体系中。

丰国社

不仅如此，吉田神道信仰者还断然实行了另一项改革，以促使神道职能发生重大变化，那就是制定神道独特的丧葬礼仪，将原本被佛教独占的死者供奉仪式纳入神道的体系中。

在镰仓时代，从伊势神道到吉田神道，日本神道在其发展过程中比佛教更强调神祇信仰的独特性，但在死者供奉这一点上，神道信仰者们却一直不得不把这一职责交由僧侣来完成。当吉田家世代当家人病危时，其家人都会理所当然地念佛，并祈求当家人死后往生于极乐世界。当家人的遗体则被火化，骨灰被埋入墓地或者被运至高野山上存放。

到15世纪吉田兼俱时代，这一切发生了巨大转变，出现了土葬遗体并在其上建立灵社、将其作为神来祭祀的现象。兼俱以后，吉田家在历代当家人死后均会为其建造灵社（冈田庄司，1996）。伴随着灵社的成立，僧侣逐渐不再参与神职者的葬礼，神道的送殡仪式也逐渐开始淡化佛教色彩，确立自己的礼仪。从兼俱开始经过半个多世纪的摸索，到16世纪后半期的兼右、兼见时代，独立的神道葬、祭仪式终于形成。

正如我们在上一章中提到的，把人祭祀为“灵社”的大背景是将人和神视为一体的思想传统，这正与江户时代吉田兼雄下面的一段话一脉相承：

> 夫神者，天地未分之元气也。元气逢天为神，逢地为祇，逢人为鬼。鬼为心。……生之源为天地之源，死之本亦天地之本。生死之两仪者，聚则生，散则死。若悟此理，则既无净土，亦无地狱。不过是生于神中，归于神处。(《神道大意》)

正如这段文字所言，神道理论家们借用了朱子学的理气论，认为人的生死循环是神气的聚散。人死后并非是前往阴间净土或地狱，而只能是“归于神处”。他们还认为，生死循环在现实世界中便已经了结了。

基于理气论，梵舜作为神道家吉田兼右的儿子，为使神道摆脱佛教影响而反对使用佛教意味浓厚的“八幡大菩萨”这一脍炙人口的称号，也就是理所当然的事情了。

二、被神化的家康

1. 明神还是权现

平息了秀吉去世后的内乱并趁机夺得天下的德川家康于元和二年(1616)四月，在隐居地骏府结束了75岁的生命。生前家康留有遗言，要求死后把遗体埋到骏府郊外的久能山，并在一周年忌之后于日光建立小堂，迎请神灵。同时，家康还说要成为“八州的镇守”。(《本光国师日记》)

由于之前有秀吉的先例，家康也在遗言中提到希望被祭祀为神灵，而把他祭祀为神的行动也很快展开。全权处理这些事项的人物就是在秀吉神化过程中也起到了核心作用的梵舜。遵照家康的遗言，人们将其遗骸埋到久能山，并展开了将其作为大明神祭祀的各种准备工作。通过吉田神道实现其作为大明神的神化仿佛已经是既定的方针。然而，问题是天台僧天海不同意此方针，他主张以山王一实神道的权现号来进行祭祀。这样一来，要求采用大明神号的梵舜、崇传和主张采用权现号的天海之间展开了激烈争论。

最后，天海的主张被将军秀忠采纳，并将用权现号祭祀的方案呈报给朝廷，而朝廷在下达敕准的同时提出了“东照”“日本”“威灵”“东光”四个可选的神名。最后，由秀忠拍板，确定下“东照大权现”的神号。次年四月，过了家康周年忌之后，人们为其举行了迁往新建的日光东照宫的迁宫仪式，幕藩体制下的新圣地“日光”由此诞生。当然，家康的遗骸也被移到了日光。

东照宫德川家康庙

2. 东照大权现的本体

然而，把家康祭祀为神时，为何要选择“权现”的称号？采用这个充满佛教意味的名称究竟出于什么缘由呢？

所谓“权现”，就是本地佛临时现身的意思，其基底则是本地垂迹[①]理论。实际上，东照大权现的本地被视为药师如来，家康的后继者在日光建立了本地堂，并在此安置了药师佛像。这一立场与极力排斥佛教影响的秀吉一派形成了明显的对照，这一现象或许意味着向中世本地垂迹理论的一种回归。

了解当时东照大权现观念的较好的史料有三代将军家光时代编纂的《东照社缘起》一书。这部缘起著作有汉文体的《真名缘起》和日文体的《假名缘起》两种。

通读这部缘起著作我们可以发现，关于神佛的记载，其主要论述了天台宗守护神的山王神和东照大权现的作用，而几乎没有说明作为两者本体的药师如来。依中世的本地垂迹说而言，掌管最终救赎职能的是本地。尽管垂迹肩负与众生直接接触并将众生引导至本地的重要使命，但神佛世界的核心还是作为本地的彼岸佛。然而，这部缘起著作中描写的仅是作为垂迹的东照大权现拥有的巨大力量，而并未说明其本地的意义。

围绕《东照社缘起》，在最初成书的《真名缘起》的上卷中，家康曾问天台僧：“山王权现的神道，本地垂迹如何？”对此，天台僧仅模糊地作了如下回答：“山王神道既非宗元，亦非本迹缘起，又非二者调和，虽说受生为社职，其传承也艰。”关于本地垂迹结构的内容，书中完全没有涉及。

相反，与之相对，该书作者对于被山王神道继承的“志国利民”的

---

① 本地垂迹：认为佛和菩萨为普救众生而现身为日本神道中的神的说法。“本地”为其本体，“垂迹”为其于现世的化身。

法则却作出了详细说明。基于天台宗强调“俗谛常住”(现世才是永恒之净土)的基本观点,“维护王法,安定国邦”自不必说,就连“实现家门昌盛、氏族繁荣”也是其题中应有之义。这同时也是东照大权现的诉求。(《真名缘起》)

在此,山王权现以及东照大权现已经完全脱离了对中世垂迹所要求的联结现世与来世的媒介的职能,其主要任务只是保证现世安稳与国家安泰,而不是死后的救赎。(曾根原,2008)

3. 本地垂迹说的演变

如上所述,我们认为,在《东照社缘起》的本地垂迹说中,尽管东照大权被视为垂迹,但几乎没有关于本地的实态如何以及本地因何目的、怎样显现等内容。然而,虽对于本地佛的作用并未提及,该书却生动具体地描绘了垂迹的相关内容,两者形成了鲜明对比。本地自身并没有承担什么功能,其存在的意义只在于暗示垂迹背后具有更高级的圣性。

《东照社缘起》的本地垂迹说中值得注意的另一点是,与中世被认为不可视的彼岸的本地不同,缘起作品中本地被真实地描绘为现世存在。

在《真名缘起》里,对与本地最详细的叙述是关于本地堂的说明:“本地药师如来佛像,其形妙觉朗然,极为罕见,为佛果圆满之相,颇具新意。”在这一描述之后,还有一段对安放在此的药师如来佛像尊容进行的详细描写。而在《假名缘起》里,药师如来在家康父母为祈求后继有人而到凤来寺参拜时现身了。而当时的祈愿果然变为现实:家康诞生了。这暗示着家康就是药师如来的转世再生。

在这两种情形下,所谓“本地佛”,是指安置在佛堂的佛像。在这里,与中世那样认为佛像是垂迹、在其背后可以看到本源性的悟的世界的理念不同,本地垂迹已非垂直连接两个不同次元世界的理论,而成为在现世内部完结的理论。本地垂迹作为一种理论，具有水平连接佛像与神、印度与日本等现世的两个地点的功能，而这正是日本近世本地垂迹说的特色。

尽管本地垂迹这一理论本身获得了继承，但在《东照社缘起》中，其内容已经发生了重大变化。据推测，其中一个原因是日本中世后期宇宙观的变化，即彼岸现实性的衰退和现世的凸显。决定着人们思维方式的世界观的变化，完全改变了本地垂迹的作用。

4. 拥护道德之神

同样是与家康相关的史料，我们可再举出一个有关中世本地垂迹说变质的例子。德川家康在禁止基督教时发表了如下声明：

> 我国本为神国。自开辟以来，皆尊敬神佛。神佛因垂迹而无别。为坚君臣忠义之道，不渝霸国交盟之约，皆誓之于神以为证。［庆长十七年(1612)德川家康致墨西哥总督书信］

这篇文章中的神佛同体说，采用了能使人联想到本地垂迹说的理论，乍一看确实很难将其与中世神国思想区分开来。然而，此处神佛同体说所依据的“垂迹”并非是连接净土与现世的理论。另外，神也发挥着促使“君臣忠义”等儒家道德产生广泛影响的作用。

在日本中世的本地垂迹、神国理念背后一直存在着遥远彼岸的观念，但在这里已经完全消失了踪影。取而代之逐渐浮出水面的是，人们过着平常日子的现世世界以及规定人类社会秩序的儒家伦理。在这一史料中，本地垂迹不是连接彼岸和现世的垂直关系，而是变成以现世世界为舞台的水平的神佛关系。

表面看似乎完全相反的丰国大明神和东照大权现的神化理论，不仅在权力者的神化这一点上相似，在脱离中世本地垂迹框架这一点上也具有相通性。这是活跃的人神脱离了本地垂迹框架约束，并艰难穿越了中世后期精神世界后诞生的理论。

重视作为维持现世秩序者的神佛，在日本近世成为一种普遍的倾向。在崇传写于庆长十八年(1613)的《排吉利支丹文》一书中，作者依据日本是“神明应迹之国、大日之本国”这一本地垂迹理论，强调了神佛同体说。但是正如“日本为神佛之国，尊神崇佛，专仁义之道，匡善恶之法”这句话所显示的那样，神佛被赋予的均是道德监督者的职责。

18世纪的净土宗僧人大我在其著作《三彝训》中写道：“神佛圣贤怜悯心重，驾临三国，向万世传授教义，为民解惑。三教殊途同归，即惩恶扬善，端正民心。”按照日本中世的理论，印度的释迦、中国的孔子以及日本的神均为本源之佛派往现世的救世主，佛教、儒教、神道均承担着把人们引向彼岸并使他们与本地佛连为一体的使命。这样一来，三教的代表性人物作为救世者的作用消失了，却被赋予“端正民心”这一极其世俗的意义。

三、渴望成神的统治者们

1. 寺庙的思想

随着彼岸理想世界的淡化，人神失去了引导众生通往彼岸佛国的功能，从垂迹的桎梏中解放出来，其存在基础和活跃舞台得以扩大。另外，日本中世后期“神内在于众人之中”的思想也逐渐普及。至此，人神与普通人类已不再有本质的差异。

秀吉和家康被作为神来供奉，象征着日本新的人神时代正式拉开序幕。以此为契机，越来越多生前的掌权者在死后被祭为神，其主体主要是各藩藩主。

天正六年(1578)，去世于越后春日山城的上杉谦信被埋在了城内的墓地中。之后，随着上杉家族的领地被改封他处，谦信的遗体也相随迁移，最终被迁到米泽城内。庆长十七年(1612)其家族后人建立了祠堂，正中央供奉着谦信的遗体，其左右则配置善光寺如来、毘沙门天。进入明治时期后，这座祠堂脱离了菩提寺管辖，成为上杉神社。

伊达政宗度过战国末期战乱年代后，于宽永十三年(1636)逝世。政宗生前曾表示，将来要把自己的遗体埋到中世以来的圣地——经之峰那座小山上。次年，第二代藩主伊达忠宗在那里为政宗建立祠堂，并将其命名为“瑞凤殿”。忠宗又在经之峰的山麓设立菩提寺——瑞凤寺。这样，伊达家族历代的祠堂都陆续建在了经之峰。经之峰上有经坟、石碑，在中世，这被视为现世与冥界的界线。政宗选择了这块圣地，并命人把自己的遗体祭奉在最顶部。

瑞凤殿(仙台市)(正门为涅槃门)

到了江户初期，有势力的藩主死后，其家人也往往模仿东照宫建立瑞凤殿那样的祭祀其神灵的祠堂。于是，墓地已不再是单纯的存在，而是同时成为各藩的宗教圣地。在瑞凤殿，伊达家的人们在埋葬政宗遗骨的地面上建造了本殿，并在里面安放了政宗的肖像。本殿前面还设有拜殿和涅槃门，由此也可以看出，该殿当初就是为了祭拜政宗而建。江户时代，高野山内院的参道边也树立着许多大名的灵屋，还有像结成秀康的石庙那样设有鸟居的神社建筑。可以看出，这些建筑的目的是“把死者作为神来祭祀”（水谷，2009a）。

过去，作为城市的守护神，平泉的藤原三代、镰仓的源赖朝都被埋葬在能远眺自己所建立城市的高台上。江户时代，各藩的藩主都肩负着死后充当守护神的使命。但和中世有所不同，近世藩主的魂灵不再被赋予引导人们去往遥远净土的使命。相反，他们就像东照大权现一样，无论如何都是现世神。

2. 垂加神道与现世神信仰

随着遵从死者遗愿而将其祭祀为神的情况不断增多，日本江户时期出现的另一极具特色的现象是现世神的大量出现。如前所述，秀吉以后的掌权者的神格化都是在其死后完成的，而活神则是在生前就被当作神来祭拜的特定人物。

这一类型的先例是日本古代被作为现世神的天皇。然而，很难说这类人神是否已经超越了宫廷世界，得到社会的广泛认可。到了中世，称高僧为“活佛”、将神官视为神的情况虽然也有，但实际上把活着的人就当作神来祭祀的实例却少之又少。《天狗草纸》记载，信徒由于过度崇拜一遍僧人，甚至把他的尿作为除万病的良药，这是一种对当时人们狂热信仰状态的揶揄。然而，进入近世以后，把活人甚或是俗人当作神来祭拜的行为却得到了日本社会的认可，这甚至成为市民的权利。

近世，在把人作为神来祭拜的例子中，最值得一提的是儒家，同时也是垂加神道的创始者山崎暗斋。据说，暗斋在生前把自己的魂灵附在镜子上，并挂起垂加神社的匾额进行祭拜。吉田神道的吉川惟足承认了这种祭祀，并赐予其灵社号。在此可以看出，以丰国大明神为代表，近世的人神信仰背后都有吉田神道的参与。

惟足还向会津藩藩主保科正之赐予了“土津灵神”的称号。就在保科正之去世的宽文十二年(1672)早些时候，他为自己选定盘梯山山麓作为坟地。到第二年，人们就将其祠堂作为土津灵社来祭拜了。近世中期以后，日本各大名向京都的吉田、白川两家申请为祖先赐予神号的例子不断增多。(岸本，2005)

担任幕府老中的松平定信认为，坚持至诚，人便能成神。他自己也积极践行这一理念，在生前就为自己造了木像，并将其供奉在江户宅邸郊外别邸——感应殿的神殿中，同时向京都的吉田家申请获得了“守国大明神”的神号，自己对自己进行参拜。正如加藤玄智指出的那样，在日本近世，有许多生前就被祭祀为神的“生祀”的例子，甚至灵元天皇、樱町天皇等也进行了生前祭祀。(加藤，1931)

3. 流行神和人神信仰

与遵循正规的神道流程祭祀某人为神不同，也有通过自下而上的运动推举特定人物作为神的情形，最具代表性的就是天皇信仰。

天明七年(1787)，日本一些地方发生了严重的饥荒，在京都的御所许多人聚在一起，掀起了“千次参拜”的运动。人们围绕皇宫的围墙行走并参拜皇宫，参与人数甚至扩大到上万人。参拜者在南门、唐门前礼拜，将香火钱用写着祈求稳定米价等愿望的纸包起来，投掷到宫墙内。据说，有大量香钱被扔进了皇宫。(藤田，2011)

在日本江户时代，已失去政治实权的天皇的最重要公务就是神事。天皇最首要的任务就是拜神。尽管我们不能将“千次参拜”运动的原因完全归结于单纯的宗教动机，然而毫无疑问，这一运动的背后潜藏着人们的共识，那就是将天皇视为神圣性存在。天皇热衷于神事的印象普遍存在于人们头脑中，这恰恰是天皇形象形成的重要原因。

关于统治者的活神化，还有一个例子是“猫图殿下”传说中的藩主信仰：人们坚信上野国新田郡的领主岩松氏所画的猫图可以驱走老鼠，于是应厌恶老鼠的蚕农的要求，岩松氏画了大量猫图。据说，那猫图被当作“蚕神”而受到人们敬仰。幕府末期，日本人更加相信岩松殿下的宗教性力量，并纷纷到此祈求祛除天花、疫病以及狐惑等，总之，各种各样的祈求层出不穷。（落合，1996）

在近世日本，把藩主祭祀为神的例子并不少见。橘南鸡在其纪行体《东游记》一书中记载了其始自天明五年（1785）的东国游览的经历，其中一段记载的是越前地方各家各户都挂着写有“细川越中守”的守护牌。所谓“细川越中守”，是指天明五年去世的肥后藩主细川重贤，在遥远的北陆地区，他的名字作为护身符被人们广泛使用。重贤作为北陆地区的明君声名远扬，甚至在他尚在世时，肥后藩就出现了祭拜他的“主君祭”。

无论是天皇、岩松还是重贤，都并不是有意识地作为宗教者开展活动的。就天皇专注于神事而言，也不过是因为其职责是祭祀神。除了个别几位天皇搞过自己的“生祀”之外，天皇们也几乎没有试图奉己为神的。尽管如此，与他们自己的意愿无关，周围各色人等在遇到各种困难、疑惑时，却往往把他们视为能解决各种问题的特别存在而进行祭祀。

从这种神诞生的过程可以看出，近世日本人特有的精神结构是：利用周边可用的题材，创造出可以实现自身愿望的神。

4. 统治权力和神佛

在日本中世，通过神的内在化，人和神的距离大大缩小。然而，在彼岸世界思想盛行的中世特别是其前期，现世神只能作为联结此世与彼岸的中介者发挥作用。当时的人神也并非自身发光，而是因接受彼岸本源神的照耀而反光。此外，由于作为垂迹的神基本上是超度者，所以他们同被超度之间也依然存在一定距离。

经过中世后期的变化，近世日本人的彼岸世界观念逐渐淡化，并丧失了其存在的价值。与此同时，这是一个强调神圣性存在于一切人心中的时代。于是，决定人神与普通人之间隔阂的根本障碍已经不复存在了。在这一思想背景下，日本人开始从真正意义上接受朱子学所宣扬的所有人均有善性、谁都可以通过学习成为圣人的主张，这进一步拉近了人与神之间的距离。因此，到了江户时代，社会中就到处都是同等大小的神了。

在日本近世，所谓的彼岸世界缩小了，人们也失去了超越地域限制而可投入某种根源性存在的共同幻想，因此，对世界持有统一的解释原理的某一种宗教已经不可能再独自统治精神世界。在日本中世时期，彼岸的本地佛享有能统治整个宗教界的地位。而到了近世，东照大权观或是作为现世神的天皇却显然都尚未到达这一程度。结果，他们仍然只能屈居于此地众多神佛之列。

因此，江户时代统治权力的权威与其说是通过神君思想或是儒学思想的狭义意识形态体现的，倒不如说是通过使将军的"威光"可视化的种种仪礼和象征而体现出来的(渡边，1997)。处于最高地位的并非神佛，而是授予人们官职的天皇。因此，到幕府末期，随着日本人对外国入侵的危机意识的增强，在探索国家统一的进程中，人们认识到，只有天皇才是最关键的存在，而不可能选择任何其他存在。在幕末维新的国民国家创立期，有着神代以来悠久传统的天皇作为日本固有的存在而备受瞩目，其走上历史舞台的必然性也正缘于此。

第八章　从生之现世人神

一、被祭祀的百姓

1. 人柱[①]的变化

到了近世，神不仅可从天皇、将军、藩主等统治阶层中产生，而且各个阶层都涌现出被人们尊崇为神的人，这是近世日本社会的特色。菅江真澄的《都介路迺远地》中记载了在津轻被人们祭祀的福田之神的由来：

在黑石近郊的境松有个堰八村，此村因有个将河流分为八个支流的堰而得名。可是此堰常被急流冲走，无法很好地发挥其作用。于是有个叫堰八太郎左卫门的人主动请缨，要用自己的身体作为人柱。太郎左卫门在祈求天地保佑治水成功后，庆长十四年(1609)，自己躺下身去，将尖锐的井桩前端插入自己的腹中，并要

① 人柱：在古代，日本人在修筑桥梁、堤坝、城池等重大工程时，为了平和、安慰神，祈求能顺利完工，有时将活人作为供品埋于水底或者土中。日语中指这一做法，有时也指那些被埋的人。其转义为为了某种目的而牺牲的人。——译者注

求人们打桩，就这样作为桩子被埋入了堰底。

其后，该工程顺利完成，水被成功地引入千町水田。此后，人们便将太郎左卫门之灵当作神祭祀，称其为“堰八明神”“福田之神”。（大意）

日本自古就有在土木工程中使用人柱的习俗。《日本书纪》中记载，在仁德天皇七年(319)修筑茨田堤时，有河神出现在天皇梦中，要求将强颈、茨田连衫子二人供奉给他。强颈含恨入水成为活供品，因此确保了大堤平安无事，而衫子则略施计谋保全了其性命。

在中世的《神道集》中收录了摄津长柄桥桥姬的传说。掌管桥梁事务的官员因桥建成后总易损坏而头疼。这时，有男子及其妻子、幼儿偶经此地，官员遂强行将这一家人溺死并将其妻立为人柱，这名女子于是成为“桥姬”。怜悯她的人们便在此地建立神社，将其作为桥姬明神祭祀。

《日本书纪》中记载，河神要求供奉，而被指名作为活供品之人是用自己的生命换来了工程的完工。如果献身给神的人并非出于自愿，那么其死后也不会被作为神接受祭祀。就像我们在八岐大蛇的故事中所看到的那样，古代祭神，一般是指定活人作为供品。虽然《神道集》中的桥姬死后被当作神来祭祀，但这并非其心中所愿。

与此不同的是，太郎左卫门是自愿献出了生命。其原因是不忍周围的人们因此受苦，而并非是为了满足神的要求。由于他并不是为了侍奉神而是为了他人献身，所以该地区的人们都将他作为神来进行祭拜。

同样是有关人柱的故事，但这三则故事却形成了鲜明对比。世人将为解决人们的困难而献身的人直接祭祀为神。从这一点我们可以看出日本近世人神信仰的特色。

到了近世，日本各地还普遍存在义民传说，其主人公往往被神化，佐仓总五郎便是典型代表。这与上述的“人柱”类似。被处决的起义首领是为别人献出生命,因而化身为神,于现世再生。

2. 即身佛的出现

在近世流行的即身佛信仰中,我们也能看到与此相同的神格化的理论。

今天,在山形县汤殿山周边星星点点分布着一些自愿实现“土中入定”的即身佛(木乃伊),它们聚集了人们的信仰。安放即身佛的寺院,总流传着这些修行者从决定入定到完成入定的故事。

汤殿山最初的即身佛本明海上人被安置在朝日村本妙寺。他在俗世时叫富樫吉兵卫,是一名下级武士,也曾是一位热忱的汤殿山信仰者。他于40岁在注连寺出家,在仙人泽长期修行。据说,天和三年(1683),他发愿自身成佛及众人心愿成真,并命人在其去世三年后将其从坟墓中挖出,实现了“土中入定”。此外,还有供奉于酒田市海向寺的忠海上人。忠海上人同样出身于下级武士富樫家一门,在仙人泽经历了约两年的隐居山林、不食谷物的修炼后,于宝历五年(1755)实现了“土中入定”。

本明海上人入定之地

大日坊中祭祀的真如海上人于天明三年(1783)完成入定。天明元年(1781)八月,已持续千日不食谷物的真如海上人在距离大日坊两公里左右的大日山以生身入土,边击打钲乐器边诵经,等待入定之时。

内藤正敏指出,在忠海上人入定的宝历五年以及真如海上人入定的天明三年均是严重的饥荒年。特别是天明饥荒更是江户时代四大饥荒中最严重的一次。不仅此二人如此,众多即身佛的共同之处就在于他们入定的年份皆是饥荒侵袭之年。内藤正敏论述道:"为了他人免受饥饿之苦,就祈祷自身肉体挨饿,这难道不是汤殿山修行者不食谷物之修炼的本质思想吗?"(内藤,1999)内藤从即身佛身上看到了日本民俗信仰所传承下来的救世主思想。

汤殿山的入定者多出身为下级武士或农民。他们都历经艰苦的修行,最终因绝食而亡,其中也有为了他人幸福而献出生命的庶民。我们可以看到,为了报答他们,人们将其祭祀为神。

3. 流行神的盛衰

一方面,有些人担心不幸会降临于人们,自愿献出了生命,由此而被人们祭祀为神;而另一方面,也大量出现了无关乎凌云壮志而仅解决日常琐碎问题、功力极其有限的人神。这便是日本的近世。

位于大阪市天王寺区一心寺的本多忠朝之墓,成为发誓要戒酒以及解决因酒而导致家庭失和的人们进行祈祷和参拜的对象。忠朝是德川家重臣本多忠胜的二儿子,曾活跃于关原大会战中,在大阪冬日会战中因饮酒而战败,为一雪前耻,他在夏日会战中浴血奋战,最终战死沙场。临死之际,他留下遗言:希望能帮助因酒而自误终身者。因此,他逐渐成为人们所熟知的"禁酒神"。

如本多忠朝一样,有很多被祭祀为神的人,自身也有一定问题,死后却成为能帮助那些拥有同样苦恼的人。各地出现了能治疗头痛、虫牙、疟疾、眼病等具有多种多样功能的人神。

本多忠朝之墓

位于牛込冷水市的小川茂三郎宅邸旁边的祠堂，据说就在镇咳祛痰方面非常灵验，许愿后痊愈的人们将一袋袋小豆供奉于此祠堂，这已成为一种风俗。宝历末期，小川氏的家臣、长期苦于肺病的山田幸左卫门及其夫人霜在临死之际发下誓言："在我们死后，被疾病折磨之人只要向我们祷告，我们就一定让他们痊愈。"于是，后人从两者名字中各取一字，将其作为"霜幸大明神"来祭祀，并逐步成为附近人们的信仰(《耳袋》)。

与因生前遗志而成神的这类事例不同，我们经常能够看到这样的现象：一些臭名昭著的大盗贼生前完全未曾料到，在死后会被祭祀为神。

文化二年(1805)，鬼蓟清吉被捕并在江户被处决。据说，清吉的遗体葬于浅草的圆常寺，不久其墓碑成为人们信奉的对象，到幕末更被赋予"清吉大明神"的封号。现在清吉大明神被移至杂司谷墓地一角，在考试季，有众多考生前来祈求，希望能顺利通过考试。说起大盗贼，鼠小僧次郎吉也是在其死后被祭祀为神。同时，还有一些溺水而亡被冲至海岸的死者被人们作为能带来幸福的神而崇拜。

宫田登将这种应民众要求顺次登场又逐渐走向衰退的神称为“流行神”。此外，我们从中可以看出，江户百姓可以“自由自在地创造出与日常生活紧密相关的神佛，无论幕府作何反应都随意信仰”（宫田，1989）。

近世社会是一个任何人都能在一定因缘下成神的时代。许多人无论其身份如何，都立志成神，并实现了成神。这是一个背后没有彼岸绝对世界的、无数小神成群出没的时代。

4. 栖息于山中的祖灵

当我们听到“众多人神层出不穷”这样的描述时，我们所想到的难道不是柳田国男曾主张的“在日本，经历了一定年月的先祖灵，最终成神”的观点吗？在本书绪论的开头部分我们也曾提到，将与我们共同生活的人们“作为一社之神祭拜并向其祈祷”（《将人祭祀为神的风俗》）的行为是“日本民族”的传统，柳田的这段话明确地表现出他的日本人祖先观。

柳田认为，日本人并不以为死者是去了遥不可及的世界。在日本列岛，死者之魂停留在能够俯瞰故乡的山顶，在盂兰盆节或者彼岸等庆祝活动时被招致各家，与他们尚在人世的亲人共同享受欢愉时光。日本民众的冥界观与佛教所主张的十万亿国土外的彼岸净土观念完全不同。

在日本，死者死后经过一定时间，生者与死者的关系会发生巨大变化。柳田同样在《将人祭祀为神的风俗》一书中设置了“第三十三年”一节，并且指出：日本各处可见这样的现象：将第三十三年视为一个节点，为死者举行最后的法事，此后死者即成为“先祖”或者成为“神”。他进一步指出，“历经一定年月，祖灵抛弃了自身个性，融合为一体”，并得出结论：或许过去的人们会认为，此后先祖会作为祖神永远守护家庭及国土。

柳田主张“大部分祖先终会成神”，这一观念至今在民族学界依然具有绝对的影响力。然而正如我们所论述的，将先祖作为神进行祭祀绝非“日本民族固有的风俗”。其能够成立的前提有二：一是日本人心中存在“死者永久停留于国土之上”的固有观念；二是“将死者留在记忆中并持续进行供养”的“家”体制的确立。同时，人要成神条件是，将人与神视为连续性存在的观念必须为人们普遍接受。

我们认为，在以上条件均具备的江户时代特别是在江户中期以后，“先祖成神”这一观念才在日本社会中被广泛地固定下来。在那一时期，人们同时也开始将死者都称为“佛”。

二、从参拜到巡礼

1. 从垂迹到灵验佛

在日本社会从中世向近世转换过程中，其人神观念发生变化的原因是人们对神的功能的期待发生了变化，而从另一方面来看，则呈现为信仰形态的变化。

中世前期，日本神信仰的主流是将特定的人视为彼岸之佛的化身，其使命是沟通现世众生与净土之佛。与之相对，亲鸾及日莲等所谓镰仓佛教的特色，就在于追求“排除化身等中介者的作用，令人们直接与彼岸之佛相联结”这样的救赎论。而祖师本身既不作为本佛的化身承担救赎斡旋者的职责，也不曾自称预言者。

然而在祖师们死后，他们的弟子却推动了祖师肉身神化的进程。他们强调祖师即是化身，将其视为信仰对象。大批信徒造访寺庙并向祖师肖像祈求超度，这样的情况在当时已走向日常化。

就日莲宗来看，在为纪念日莲逝世七周年而建立的池上本门寺日莲坐像内存放着其遗骸，作为“肉身祖师”。由此可见，肖像本身已成为信仰的对象。而且，在日莲教团的教学中，日莲被强调为上行菩萨再世，并被作为神圣的化身供奉于特别的祭坛中。

这些都可以看作是日莲自身被肉身化、其生涯被神话化的过程。在此基础上，“具有神秘威力、可预言未来并击退了蒙古进攻”等的超人日莲形象逐渐形成。

祖师的肉身化现象不仅在日莲宗内部，而且在所谓“镰仓佛教”的祖师们中也广泛存在。曾自叹“无一位弟子”(《叹异抄》)的亲鸾，死后其描绘了肖像被祭祀于大谷的本庙(亲鸾上人绘传)。《一遍圣绘》(欢喜光寺)安置于御影堂的一遍雕像接受信众的礼拜。祖师们否认他们是联结彼岸佛与众生的特权人物。然而，他们自身却被当作能超度众生的神圣存在并被安置于堂舍内，成为各自教团百姓信仰的中心。

镰仓佛教的祖师们去世后，其肉身化过程未曾停止，不久，相关观念再次发生了巨大变化。在中世后期，与其他神相同，祖师们逐渐丧失了作为冥界与现世之间的中介者的作用，已经不是彼岸世界佛的代理人，而是逐渐被视为本身具有超常力量的存在。就日莲宗而言，堀之内妙法寺的祖师像作为“消除厄运”之神受到了江户大众的信仰。池上本门寺的日朝像也作为灵岩之神而远近闻名，祈祷眼病痊愈或者学业有成的人们常会到此参拜。

经历了这样的变化，到了江户时代，照片上的祖师及高僧像已成为能直接满足百姓“治病息灾”等多种需求的“灵验佛”。

2. 圣地的蜕变以及巡礼的定型化

中世后期，彼岸表象的衰退以及祖师化为灵验佛的现象，对于灵场的存在状态也产生了很大影响。死后往生净土不再是当下的第一要义，人神坐镇的灵场也丧失了其作为连接现世净土与彼岸通道的意义，为满足世俗社会人对各种现世利益的诉求而进行的祈愿逐步占有了较大的比重。

正如为了应对各种各样的疾病而设立专门性医院一样，日本各地建造了能满足家庭安全、商业昌盛、子孙繁荣等多种愿望的佛堂，里面供奉着各种神佛。这些神佛都能满足现世愿望，在这一点上是相同的，但据信众祈求内容的不同，神佛各自所起的作用也不断分化。在这一过程中，作为人神的祖师，也逐渐成为能带来特定利益的神佛。

结果，近世灵场的宇宙论导致灵场都拥有祭祀许多神佛的堂舍，使它们呈现为一个具有多焦点的圆的形态。与具有一个焦点的圆形宇宙论的古代寺院以及具有两个焦点的椭圆形宇宙论的中世寺院不同，近世寺院的特色在于将祭祀多种多样具有相同功能神佛的堂舍囊括其中。

作为近世灵场的典型，我们可以以中山法华寺为例。现在中山法华寺基本的寺院配置建成于近世。综观寺院，有祭祀日莲的祖师堂、鬼子母神堂、宇贺神堂、清正公堂、法华堂、刹堂、妙见堂等，且它们如一个个圆形前后相连。跨过山门进入寺院的人们可沿着各个祠堂逐一祈愿。近世日本灵场参拜，表现为巡回参拜寺内各处，为现世祈福，这与一味祈求死后获得超度以直接到达彼岸世界为目的的中世参拜不同。

至于圣地内部的参拜形式，我们将中世的参拜形式称为"目的地往复型"，而将近世的参拜形式称为"回游型"。这一点，在人们前往圣地参拜的过程中也会有所体现。如前所述，中世寺社参拜的基本形态是往复于居住地与目的地之间。如我们在《南都大寺巡礼记》以及《御巡礼》中所看到的那样，虽然也有人前往许多寺社进行巡回参拜，但如果抛开贵族及僧侣不谈，一般的参拜都是往复型。也存在像熊野那样拥有多个参拜目的地的圣地，然而人们只是把到此地巡礼作为实现最终超度的手段，而并非目的本身。

与此不同，从中世后期开始，四国八十八处、西国三十三观音等圣地巡礼日渐形成。在人们长期的礼拜过程中，巡礼的程序逐渐完善并固定下来，巡礼本身目的化了。到了战国时期，人们奔走于各地，将抄写的法华经献纳于圣地，这种被称为“六十六部”的圣地巡礼活动十分盛行。进入江户时代，巡礼这一风俗彻底融入了日本的社会生活。从中世的“参拜”到近世的“巡礼”，圣地参拜的形态发生了变化（黑田日出男，1986）。人们在各地设立了寺院佛堂，同时大量出版了《西国三十三所名所图会》《纪伊国名所图会》等旅游指南，以及巡礼绘图、御咏歌、道中日记等。同伊势巡游一样，众僧集中参加带有一半观光意味的圣地巡游的时代已经到来。而直到进入江户时代以后，“圣地”一词才被固定下来。

3. 圣地的墓地化

到了江户时代，以现世利益为卖点的寺院佛堂日渐兴起；中世以来，安放遗骨的圣地也不断地向墓地转化。

前文多次论及的高野山内神殿，12 世纪以后即作为安放遗骨的圣地而闻名。弘法大师之肉身在寺院中永生的“入定信仰”在民间广泛传播，有更多的人祈祷死后能够将遗骨安放于大师膝下。

根据《平家物语》记载，有王将失踪于鬼界岛的俊宽的遗骨挂在脖子上，然后攀上高野山并将遗骨安放于内神殿，而自己则在莲花谷成为法师，他为自己主人的来世超度（《僧都死去》）。南都火攻的主谋平重衡的遗骨，最终也被送至高野山（《重衡被斩》）。携带遗骨造访内神殿的人们将遗骨埋葬于参道旁，在其上竖立塔形木牌。然而，安放遗骨者的亲属并没有再来内神殿扫墓。一旦将遗骨安放于此，人们便不再关注亡者的去向。人们相信，亡者不会一直停留于其遗骨安放地，死者的灵魂会通过弘法大师的指引往生于净土。

这种情况在中世后期发生了变化，这一时期死者将不再飞往遥远的他界。内神院的死灵也认为,幸福并非往生于陌生的净土,而是在弘法大师的近旁并受到其神力的守护,可以安心长眠。

随着这种死后观念的变化,江户时代,从高野山的一桥到内神殿的参道周边,不断有大名家的庙宇建成,有关的人们定期参拜。人们还建起了有巨大五轮塔的墓地,并竖起了墓标。高野山已经不再是前往彼岸的必经之处,而成为亡灵永远停留之地。这里的一些大名灵庙中,有些所谓大名灵魂被尊为神明并接受人们的祭拜(参见本书第七章第三节)。此时形成的去高野山扫墓的习俗,至今仍保留着。

三、民众宗教的神观念

1. 成为现世人神的百姓

变为福田之神的太郎左卫门、起义的百姓、即身佛等,他们都不属于天皇或者领主等统治阶级。在日本近世社会,生活于市井之地的许多百姓,由于自身意志或者周围人们的感谢之念而成为神。这些人当中,有些人甚至生前就被人们当成了“现世神”。

较早被尊奉为神的普通人中,有一位是江户初期的竹大日。竹大日堂位于羽黑山麓的门前的村落里,在手向的正善院黄金堂内。贫穷的婢女竹于宽永十五年(1638)去世,其主人佐久间氏建立了竹大日堂,将竹尊为“肉身大日如来”进行祭祀,并将管理事务委托给玄良坊。

幕末以后,像竹那样出身于庶民家庭的现世神辈出。以现世神为教祖,各地相继出现天理教、金光教、黑住教等民众宗教。天理教教祖中山美支、金光教教祖赤泽文治、丸山教教祖伊藤六郎兵卫、大本教教祖出口直等均出身于农民等庶民阶层,受到神的启示而开始了新信仰的布教。

竹大日堂

教祖们的布教方法虽有不同，但均承认或起码不否认自己是神。然而另一方面，他们又主张不仅教祖是神，而且信徒以及一般民众等更多人身上也都可以发现神性。这一观念的转变不容忽视。

“富士讲”的食行身禄是推动民众宗教发展的先驱。享保十八年(1733)，他在富士山中的乌帽子岩进行了绝食入定。载有其生前每日教义的《三十一日御卷》中记载，他在“富士山即仙元大菩萨与人类一体”这种信念指引下，指出“生而为人实属难得，若能注意规范举止行为，便与神佛无异”。他进而又指出，“身体健全的人不分贵贱，没有什么比身体更贵重”，“只要依托于此种教义，即可祛除邪恶，净化自身，男女皆然，倡导无关身份与性别，众生平等”。

18 世纪，这一理念并未直接导致废除身份制等过激行为。人身与神身同体的思想并没有否定士农工商四民间的差别，而是主张他们各自通过“勤勤恳恳、毫不懈怠”的工作而成长为“富贵自在之身”。然而，值得关注的是，在江户的身份制社会中，人们开始根据各自的人类观主张人类平等。

2. 现世人神共同体

幕末的日本民众宗教中出现了更加自觉的现世神观念。金光教教祖赤泽文治通过克服重病见到了根源神天地金乃神，形成了以其为主神的信仰共同体。因此，文治被视为斡旋于人与神之间的现世神。然而，现世神并非仅有教祖一人。在教团中，受文治传授信仰的直信也成为被授予神号的现世神，这形成了一种从信仰者内部产生出更多现世神的构造。“初期金光教的信仰共同体便是一个互相持有神号的现世神集团。”(桂岛，2005)

金光教中现世神共同体的理论具有试图超越世俗身份秩序的明确指向性。

> 尽管已对天地金乃神进行礼拜，但接下来也要无所遗漏地祭拜一切金神，可用“各位大神”一词来称呼他们。如果说伊邪那岐、伊邪那美命、天照大神皆是人类，那么继承他们的天子不也是人类吗？(《金光大神理解》)

这是文治在明治时代以后的发言，试图通过将人与神看作一种连续性的存在而将天皇的权威相对化。

小泽浩认为，从大多数教祖的教言中，我们可以看到可称作“人类即等于神之子”的思想。他指出，这一思想承担着“从根本上支持各自有关普度的教义”的关键作用。在此基础上，他进一步指出，“教祖们所主张的普度论的大前提是诸神均为伟大的普度之神，他们最大的愿望是救助挣扎在苦难边缘的人们”，而“人类即等于神之子”，明确显示出人们相信神的博爱。(小泽，2010)

在此前幕末的日本民族宗教中，作为根源性存在超越俗世的神逐渐显现。这被认为是“强力的一神教最高神”的出现(村上，1971)。

然而，这些神并非死后世界或他界的主宰者，他们是现世中的神。而且，这些神也并未远离人们只在遥远的他界发号施令，而是站在人的角度上发声，是肩负着根据人们的诉求创造出无数现世人神的使命。

另外，这一时期的二宫尊德、大原幽学等人进入农村，自下而上地大规模开展了旨在复兴村落的所谓“仕法”的实践。同时，这一时期也出现了像石田梅岩那样的思想家。他们倡导庶民严格地自我约束，强调了遵守道德的重要性。安丸良夫吸收了梅岩及尊德的思想，指出他们所主张的勤勉、俭约、和合等通俗道德的实践，并带来了这些价值观在民众心中的内化、主体化。在这一过程中，我们能了解到日本近代社会形成期特有的主体形成过程（安丸，1974）。幕末真宗时期流通的描绘理想的信仰者的《妙好人传》，也描绘了将通俗道德内化于心、踏实生活的日本民众形象。

在这一思想运动背后，我们能看出认同人类内部存在无限可能性并试图在社会中发现这些可能性的时代思潮。人成为神，不再是中世日本人所认为的神秘莫测境界中的觉醒，而是变成人人皆可通过在社会中履行自己的职责而熠熠生辉的实践。

3. 天皇信仰的构造

如前所述，日本近世是人神辈出的时代，人们主张从极普通的人当中即可发现神的身影。换句话说，中世日本人所认为的需要“绝对性存在”即“本地”的光芒照射才能成神的观念已被抛弃，而仅凭借自身内部的光芒就可以成为神的观念日渐深入人心。到了江户后期，更出现了很多自居为神者及被他人生祀者（现世人神）。幕末的民众宗教便是高潮。

另外，从江户后期到幕末，以山崎暗斋的垂加神道以及曾对其产生影响的吉田神道为代表，许多教派主张“通过效忠天皇能够在死后进入神的行列中”。这种通过完全不同的方式把人祭祀为神的逻辑，有着越来越强的影响力。在垂加神道中特定人物的灵魂被赋予“灵社”之号，并接受祭祀。在这个脉络中，在与天皇的关系上，产生了将人祭祀为神的理论，并付诸实践。

隶属于山崎暗斋所开创的崎门学派的学者若林强斋，在论述垂加神道秘籍的《神道大意》中写道，效忠于现人世神天皇的人们均“位于八百万神的末座之列，成为守护天子、镇守国家的灵神”。类似的表述也零零星星地出现于18世纪以后与垂加神道有关的著作中。这类观点认为，即使肉体消失，灵魂也永远不灭，并可根据各人生前功绩进入神的世界。于他界也是如此。尽管观念中的灵界也形成了与现实世界相同的以天皇为中心的秩序，然而根据人们对于天皇的贡献度，其实也可能快速超越现世的身份秩序，达到与天皇直线相连的地位。垂加神道将逝后安心论与天皇信仰结合起来进行了全新阐释，具有划时代意义。(前田，2002)

乌传神道的教祖贺茂规清在天保十四年(1843)向寺社奉行衙门提交了意见书——《蚁之念》。在该上书中，规清提议，应该建造“忠孝山”，以增加江户市内无缘佛的数量，并以此缅怀过去的忠孝者，防止他们被人们忘却。(末永，2001)

这是一个庞大的计划，即利用疏通隅田川等河道产生的沙土，在深川河口设置高达九丈(27米)的假山。在假山上再建设“御宫”，在最高处的九层祭祀伴着琼琼杵神、天孙降临的三二神、东照宫、三河谱代诸神、天子，在其后，八层祭祀准三宫，七层祭祀大臣以上人士……一层则祭祀农工商阶层，根据各人身份来祭祀对国家有功的人。此地为风景名胜地，作为人们参拜地的同时也发挥着游览地的作用。

规清的忠孝山构想可以说在将各阶层中为国家做出贡献的人物祭祀为神的同时，也将其纳入以东照宫和天皇为顶点的灵界秩序中。规清在四年后又上书了忠孝山的修订版——香山构想(《和军蜻蛉备》)，强调应该通过将忠孝之士永久祭祀为神，让很多人产生死后也被祭祀于山中的期待。

4. 从等级社会到国民国家

日本幕末的这一类人神乃至现世神观念的高涨，与民众宗教相同，是一种积极肯定人类主体性与可能性的时代思潮。垂加神道信奉天皇，民众宗教信奉土著之神，两者虽有不同，但都因创造出了人神而具备了甚高的权威。但人神不同于佛教或者基督教等普通宗教之神，而是被重新发现的具有极强本土性的神。

人们肯定的自我认识以及上升志向，恰恰体现了日本民众到19世纪已经感觉到幕府体制下被固化的身份秩序成为桎梏。在民众宗教中寻找改革社会之神，垂加神道中天皇浮出水面，皆与此种人心浮动直接相关，人们希望通过自己成为神一下子改变现实秩序。这些愿望与同时代频繁出现的农民起义及暴动一样，均是民众想打破现行体制、期待创造公平的乌托邦式社会秩序的反映。对这一意识，我们在幕末所流行的包含破坏者、救助者两个对立面的鲶绘中也能看出（Ouwehand，1989）。

幕末维新的动乱并非仅仅是政治斗争，历经千年汹涌澎湃的新的人类观的浪涛，与既存的僵硬死板的身份制社会发生了冲突，这简直可以说是一种欲冲破现存体制桎梏的大规模的地壳变动。因此，在体制变化、内乱平息后，不断追求自由平等的民众引发的长期而剧烈的余震一直在持续。

在幕藩体制崩塌后，如何将这些运动中所包含的民众能动性纳入国家，将其培养成自发支撑国民国家的等质国民，成为天皇制国家面临的最重要的课题。

结语　现世人神的近现代影响

一、迈向现世人神之路

1. 神的发现

本书用八章的篇幅回顾了自绳文时代至幕府末期日本列岛上人神的诞生与变化过程。在此基础上，我们再展望一下近代以后的人神信仰。在此之前，我们不妨先回顾一下之前的要点。

在本书绪论的开头中我们提到，据推测，这个世界上几乎所有的种族及民族都拥有自己的神明。和其他地区的人一样，令日本人最初认识到超越了人类能力的神圣存在的，是那些让他们产生畏惧感的自然现象及具备超人能力的动物。当初，神与那些被认定为“神明”的具体事象密不可分：雷电和火山爆发等自然现象本身就是神，是令人畏惧的对象；动物的每个个体本身也是神；令人生畏的巨石和树木也同样被认为是神。

这种原初状态的神灵观念，最终进入到下一个层次，即从将具体的东西或个别现象视为神的阶段，转入到将存在于具体事象背后的、引起灵异现象的抽象性、根源性存在——“魂”视为神。

在日本，这种转换大约发生于距今约4000年前的绳文时代后期。作为绳文陶器的代表性产物“泥偶”，本来是仿照人的形态制作的，而到了绳文后期，心形泥偶、遮光器泥偶等不具备人形的泥偶作品也出现了。由此，具有神圣性的存在从现世的具体事物中分离出来，并逐渐抽象化。

当时，墓地从村落中分离出来，无论在地理上还是空间上都形成了一种独立的“死者世界”。灵魂从动物、植物、人的遗体等物质的束缚中解脱并被概念化，在调和的过程中其绝对性得到提高。这些肉眼不可见的存在导致另一个世界的观念在日本人之中逐渐形成，并日益为人们所普遍接受。

进入弥生时代后，神的抽象化进一步发展。日本人不再像绳文时代的祖先们那样，制作表现神具体形象的泥偶。尽管他们也描绘神灵依附之物的树木、供神的神殿、主宰祭祀的巫师，但他们并不再去表现“神明”本身。在弥生时代，神的栖居之所不定。因此，从弥生时代至古坟时代，日本人祭神变成了先将神请到祭祀场所，祭祀完毕后再将他们送回去的形式。

厌恶世俗污秽的神灵们最喜欢的就是清净之山。然而，山虽然是神栖居之地，但它并不是神本身。尽管这是日本自古以来的传统，但弥生时代的人们却已不再将山视为“神体”进行遥拜。“山川草木皆有圣灵寄宿”的认识，在中世以前并未得到日本人的普遍认同。祭祀山神的时候，人们并不是远远朝拜，而是把神请到祭祀场所，倾听神谕，与神对话。

在这种对神的认识之下，前方后圆古坟的出现，是日本列岛将人奉为神的明确意图的首次实体化呈现。以“神栖于山”的普遍观念为前提，部族首领的灵魂作为新生的国家守护神得到祭祀，而前方后圆坟正是为他们建造的人工栖居地。当时，日本人举行祭祀活动时，并不在坟丘脚下祭拜，而是将祖灵请到依附之物上进行祭祀。

2. 神社的创建与道成肉身神

7世纪末的天武、持统王朝的改革，使弥生至古坟时代日本人的神灵观念发生了变化。这个时期，为了建立对抗唐和新罗的强大王权，日本采取了提高国王向心性的策略，将其置于国家中心，使其上升至神圣性的存在。为实现这一目的，日本开始采用“天皇”这一称呼，并创造出天照大神以及当时所有神的谱系，同时还将既存的古坟类推为历代天皇的陵墓。由此，天皇死后也被认为留在了天皇陵，并作为“天皇灵”永远守护着国家和后世天皇。首领成为神守护后世子孙这一观念，则形成于前方后圆坟出现以后，日本国的大政方针逐步实现了体系化、可视化，显现出人神的清晰轮廓。

7世纪末，神社的地位固定下来，神常住于神殿的观念也固定了下来。自持统天皇建造藤原京以来形成的天皇换代迁宫的习俗遭到废除，天皇从此居住在大陆风格的都城中。律令国家将天皇灵以及传统的神祇置于国家守护者的位置，但以往那些平时居无定所、心思难以揣测的作祟神，却被认定不能执行这类使命。

日本为主要的神灵建造了供其坐镇的神社，并规定早晚给神供奉食物，恭守仪轨，向人们提示神的存在。此外，为了追求其作为守护神的存在感和栩栩如生的目光，“神像”这种新的表现形式应运而生。长久以来丧失身体性的神，再一次获得了肉身。

这种神灵观念的变化，也带来了信仰形态的变化。祭祀形式也由过去的请神，转为由人前往神前进行礼拜的“寺庙参拜”。山陵祭祀也开始采用由神官或官吏供奉币帛的方式。随着神权威性的提高，以及神殿的固定化和巨大化，被祭祀之神与祭祀之人两者间的距离被拉大了。神只是单方面接受祭祀，在公共祭祀中，神与人的对话消失了。

常住神社的神祇拥有坚定的守护国家的意识，因此他们必须具备能一直坚持完成这项任务并令人信服的素质。于是，日本历史上首次出现了具有明确目的意识的“善神”。

另外，以往的神灵所拥有的能招致灾祸，即作祟的一面被分离出来，并派生出“恶神”和邪恶的亡灵。奈良时代，亡灵开始猖獗，于是对那些能招致祸祟的强大灵魂，日本人试图通过将其祭祀为神明的做法而将其具有的巨大负能量一举转化为正能量。于是，面向大众的御灵信仰取代了封闭的宫廷社会的天皇灵信仰，成为人神信仰的主角。

9世纪以后，随着功能分化，神的个性化急速发展，出现了各种姿态的神，即有着不同性别、容貌、功能的神，满足了人们的信仰需求。

3. 作为“普度众生”者的神明

直到古代，日本列岛的神都是外在的、与人对峙的存在。到了中世时期，日本人才逐渐发现人类内在的神圣性。

这一发现产生的背景，是对超越性存在之思辨的深化和体系化。为当时的日本列岛提供思想素材的是佛教。通过运用佛教理论，10世纪后半期开始，某种神被提升为一种绝对性的存在——普度者，彼岸世界（他方）从人类世界（现世）的分离也加速发展。阿弥陀佛的极乐净土所代表的彼岸的神明世界，已不是普通人能轻易到达的地方。由此，现世与理想净土紧张对峙的世界观日渐形成，人们普遍相信，根源神居住的彼岸才是真实的世界，而现世界只是为了到达彼岸而暂住的临时世界。

于是，超越现世，探求真实的人生，到达理想的世界——也就是超度，代替了古代的“灵异”，成为中世日本人最关心的事情。在神灵世界再次整合的过程中，从前的许多神成为位于彼岸的根源神和中世人类之间的具有中介作用的现世垂迹。

这一点在人神问题上也不例外。圣德太子、弘法大师等圣人被视为彼岸佛祖的化身——垂迹。许多人为了寻求往生到极乐净土，前去这些垂迹坐镇之地参拜。在中世，不仅仅是这些大人物，日本全国各地都出现了许多引导人们去往极乐净土的普度者(垂迹)。

日本人在对作为普度众生者的神灵进行深入思考的同时，也加深了对作为被度者——人类的考察。这种思考探求的结果，便是发现了人们内心的圣性。最初人们用佛教用语的“佛性”将其概念化，紧接着，崇尚神祇信仰的一方将其理论化为“法性神”“本觉神”以作对抗。人们认为，本源性的神广泛地存在于以草木国土为首的森罗万象中，其中也包含人类。人们发现了自己心中的圣性，并认为通过这种发现，人能够自行上升为神圣性的存在。

中世前期，内在神的观念仅仅停留在日本人的理念阶段，只是一种一举将万人提升至神的理论，并未在实际中发挥过作用。根据本地垂迹理论，“由人上升为神”的现象通常会从其与彼岸的本地佛的关系上得到解释。因而，普通人依然是被神普度的对象。但是，进入中世后期，随着彼岸世界的真实性逐渐褪色，突然出现了许多不必受到绝对神的普照即直接上升为神的例子，后来甚至出现了天下所有人的神格化。

4. 人神时代的繁荣

近世，人神失去引领众生前往极乐净土的职责，从普度众生者的桎梏中解脱出来，其社会角色及社会功能获得了飞跃性扩大，人神与普通人已不存在本质上的差异。在这个时代，人人都不必接受本源神的普照，而只需通过发现自身内在的圣性，即可成神。朱子学理论也认为，只要回归善的本性，人人都可以成为圣人。在上述思想背景下，这一理论逐渐为日本社会所接受。

在日本近世初期，最先成为神的是丰臣秀吉、德川家康等执掌天下之人。紧接着，天皇、贵族也被供奉为神。到了江户时代后半期，社会底层的人也能成为神了。而到了近世后期，则不论身份阶层如何，人人都怀揣着成为神的愿望，并坚信这一愿望能够实现。

此外，在研究日本近世现人神的过程中，我们会发现一个值得关注的现象，即人在世之时便被视为神明，也就是所谓的“现世人神显著增加”。这一现象在幕府末期发展起来的民众宗教中达到顶峰。它们的教祖大多不否定自己是神。但另外，这些教主们自身却并没有独占神性，而是试图在从广大信徒和普通人身上发现共通的神性。他们虽然没有批判幕府体制下的身份制度本身，却以神之尊严为据，倡导不受身份、性别限制的众生平等。

结城秀康石庙（被祭祀为神）

日本人终于迎来了凭借自身意志和努力即能成为神的时代。与中世不同，神的觉醒不再指向宗教意义上的觉悟，而是个人通过完成本职工作而使自己在社会上大放异彩。到了幕府末期，不必依靠彼岸真理世界而独立存在的无数小神已遍布日本列岛。

二、研究之所见

1."固有神"论的虚构性

在从绳文时代到近代的历史长河中,日本的神圣性经历了数次变化。神从具体事物、事象逐渐转化为抽象的、看不见的存在;从目的不明确、不分善恶的作祟神,逐渐变身为具有明确目的的守护神;从外在的东西,转换为人类内在的东西。随着这种神明观的变化,日本的"神"和现世人神的性质也不断发生着改变。

如今,有人会把供奉在神社的神明人为地设定为日本固有的存在并作为太古以来的传统,认为这彰显了日本的民族本质。但显然,如果采用这样的研究方法,将与实际情况相去甚远。神并非作为一种独自的存在延续至今,而是作为日本列岛的无数神明之一,历经各个时代的剧变后发展至今的。

把日本的神作为神道史的一环研究,探究神的本质——当然是学问的方法之一。但是,想要弄清神的历史性、思想史意义,就必须考察其在所处的不同时代、不同的宇宙观中是一种怎样的存在,还必须从历时性角度将神的变化纳入视野。

我们的这种论断,或许会被指责为对日本文化精髓的神道传统的否定,但实际上这无可厚非。

正如前几章所述,日本的神在与内外思潮的交错的历史中,其形态和其他的"绝对性存在"一样,都发生了巨大的变化。这是居住在日本列岛上的人们丰富想象力的产物。钩沉这一过程,只是想明确这片土地上的人们对土地、自然有着何等深沉的爱,以及他们是怎样将自然与土地作为素材、历经思索从而创造出神的。如果只是把神强行塞入"太古以来"的本质论或强调它是"日本固有"的日本文化论等模子中,那么列岛上的人们通过神所积累起的丰富的创造性和思索,只能全都被这一句话封印。

2. 再论分析概念

将日本的神放在更广阔的脉络中,从历史的角度进行分析,还有另外一种学术意义,那就是超越宗教史、神道史,对更广范围的学术领域的意义。

日本历史上发生的许多事件导致了神的不断变化,其中最具代表性的,就是伴随着律令制的传入发生的神社固定化、净土信仰的流行、当权者对宗教势力的镇压等等。但我认为,使日本人神的观念发生变化的最根本的诱因,并非这种个别事件或国家方针的改变、外来文化的导入等等,而是日本人最深层次的精神世界、日本人世界观的变化。

古代日本人认为,人类与神、亡者等共享同一个空间,这种世界观在11 世纪发生了巨大改变。神学的形成,将神上升为绝对的存在(救赎者),使神的世界(彼岸)从人的世界(现世)中独立出来。由此,古代一元化的世界观转换为中世二元的世界观。

在过去共享生活空间的人和神之间出现了明确的分界线,人和神居住的地方分别被称为"此岸"和"彼岸"。在神学领域中,救世主所在的彼岸世界的形象无限膨胀,甚至被生动具体地描绘出来。由此日本人构建了现世与理想净土相对立的世界观。人们普遍相信,神居住的彼岸世界才是真实的世界,而现实世界只是为了到达那里的临时世界。人们还普遍相信,能够将世界上肤色、语言各不相同的所有人囊括其中的真实世界,就存在于人们所在的现实世界背后。

在这种世界观流传的地域,宗教权威被特定的超越者、绝对者一元化,世俗掌权者拥有的神秘性权威十分微弱。在这个历史阶段,失去自身神圣性的王,需要通过分占彼岸超越者的权威而被认可为王者。因此,为已故帝王建造华丽坟墓的行为失去了意义,于是当权者建造了能彰显彼岸神之权威的、极尽奢侈的宗教建筑。

将现世与彼岸严格区分、把能到达神所在的彼岸作为理想的这种中世日本人的世界观最终也发生了变化。随着彼岸世界的现实性逐渐消失，人们失去了去往极乐净土的迫切渴望。人们的理想不再是死后去往他方，而是渴望先尽情享受现世的生活，死后安睡于现世一角，与子孙后代继续保持亲密关系。

这种变化的出现，与社会的“世俗化”密切相关。日本中世神学仅试图通过对人们实际无法体验的彼岸世界进行抽象思辨来自我构成，但随着人们对自然界的深入了解，实证地解释神学结构的精神逐渐兴起，渐渐地中世神学便难以立足了。超越民族和地域、所有人都被包围在绝对性神之怀抱中的这种感觉消失了，神成为每个人精神层面的问题。神失去了充当共同体纽带的功能，民族主义取而代之，成为连属人们内心的桥梁。

我认为，这种世界观的变化过程不是日本特有的，虽然它有各种变形，但这是世界上许多地区共通的现象。神的变化，并非一次偶然事件或是外来文化的影响导致的，而是人们精神世界深处悄悄发生的变革最终带来了这种转变。

笔者今后的课题，是在世界范围的视角上，把神从传统日本文化论的模子中解放出来，阐明日本思想世界的多样性和丰富性。多种思想要素混杂，各色鬼神共存，这在东亚是共有的现象。因此，这一研究并不仅适用于日本，也可能适用于常被认为与“巫术”等同的东亚的宗教世界研究之中。

虽然本书中未做深入探讨，但仅从日本近代来看，人神诞生过程有复杂的模式。安・波奇(Anne Bouchy)注意到日本的巫师一般是神灵附体的状态，这时候不称其为“巫术”(chamanisme)，而称其为“神灵附体”(possession)(波奇，2009)。结合这一观点，笔者将对其进行更加严密的考察和分析，并希望通过这样的研究，对以往用“宗教”概念无法阐释的日本人的精神世界能有新的发现。另外，以往欧美传统的思想研究，以一神教的教义为中心，只重视“理论”研究。笔者的研究或许也给他们提供了另外一个视点。

笔者想从这一视点出发，再次推进与世界其他地区的神的比较文化论研究。

3.“冥”的历史与“显”的历史

另外，我想对神灵研究与历史学的关系问题进行再建构。过去，历史学家们对神灵问题态度很冷淡。他们认为，毫无疑问，人类是“社会”和“世界”的构成者，神灵只是在统治人的过程中诞生的一种虚假意识。

但是，综观古今中外，很少有否认神的存在的国家或社会。神的源头可以追溯到距今数万年前的旧石器时代，要远远早于国家的诞生。在日本，也能找到绳文时代神灵意识存在的痕迹。

从近代以前人们的认识来看，构成这个世界的不只有人。在当时，“神佛”这种超越者或亡者具有压倒性的存在感。动物、植物也同样是这个世界的一员。人们在每天的生活中感受着它们的存在，聆听它们的声音。人们认为，这个宇宙是由人和人以外的存在共同构建的。如此，对人而言，神成为不可缺少的存在。如果没有神，不仅人不可能存在，国家、共同体也无法成立。

特别是在中世以前，神佛的存在感和地位特别高。当时，这个世界的主人与其说是人，不如说是神。这就意味着，神的意志推动着整个社会的发展。

如果这一前提成立，那么我们在考察近代国家和社会时，只考察人类是不够的。我们应弄清楚的是，人和超人的存在通过怎样的互动创造出共通的世界。

在研究关于王的问题时，这种视点也是不可或缺的。帝王的创造不仅属于人类世界，也包含神佛、亡者构成的异界和自然界，那是一种给全世界赋予秩序的行为。反过来说，帝王为了巩固在现世中的地位，不仅要整备、支配组织、扩充权力基础，还必须与神佛、亡者缔结牢固的关系。未能与神缔结适当关系的王权，即使外表看起来再强大，其内在也会异常脆弱。

当然单靠神和宇宙认识论也行不通。各地固有的气候和风土在很大程度上决定了神的存在形式，并且人们从土地获取生活资料的生产模式——用马克思主义历史学观点来说就是下层经济基础，无疑也发挥了重要作用。各地区特有的人与自然关系的总体，产生了当地固有的神和宇宙认识，并推动着它们的变化。

没有神的话，人类或将感到手足无措。神和宇宙认识决定了共同体和国家的存在形式。以往的历史学，究竟在多大程度上准确地把握了这种神的现实性呢？

4. 与神佛无缘的原理

怀着上述疑问回顾历史，我们发现在日本历史上，有的历史学家正确地认识到了神在历史中发挥的作用。网野善彦便是其中的一位。网野在他的著作《无缘・公界・乐》(1987)中，将自原始社会以来人们追求无拘无束的自由行为称为“无缘”，并以这一原理的发展和衰退为轴研究日本历史。网野参照西欧的庇护发展阶段学说，将“无缘”的表现形式分为三个阶段。

人类最初认知到“无缘”的原理，是在经历了完全屈服于自然的蛮荒阶段、人类的定居和移动趋于明确、部落首领权力和原始奴隶出现的未开化阶段之后的事。在此，“无缘”自然而然地同与其相对的“有缘”“有主”分离出来，用与它们有别的形式表现出“无缘”的原理。帝王、部落首领和神职人员是体现“无缘”原理的存在，墓地和共同体的仓库是“无缘”的场所。在第一阶段，未开化的特质仍较多地残留着，

"无缘"的原理与各种各样的神明相结合,以神圣的姿态出现。

第二阶段,日本人明确认识到"无缘"的原理,并把它作为佛教等宗教思想予以系统化。于是,日本自镰仓时代以来的神圣性、巫术性庇护被取代,社会上广泛出现了实际利益的庇护,这种模式到室町战国时期基本完成。"无缘"的原理在残存宗教色彩的同时,成为"无缘""公界""乐"的自知性原理。

这其中一方面可以看到思想上的深化,"有主""有缘"等原理对"无主""无缘"等原理的摄入逐渐活跃,"原无缘"走向衰弱。另一方面,这也是庇护的第三阶段即"无缘"原理的衰退终了阶段的开始。

纲野认为,支撑"无缘"原理的是超人类的神圣性存在,其表现的庇护所则是神佛统治的神圣空间。私有化的发展,是否定源于自然、野生的"无缘"原理的过程,这只能是人们作茧自缚的行为。纲野用这样的形式回顾了历史的发展,论述了人类冲破枷锁回归自由的途径,弄清"无所有"的深化、发展的规律的必要性。

5. 纲野历史学的异端性

近代产生于西方的思想与哲学,均百分之百地相信人类理性,相信人类社会可以无止境地进化。这在历史观的问题上也不例外。近代的历史观基本上采用了进步历史观,认为人类在遥远的未来能够到达理想世界。从奴隶制到农奴制再到资本主义的私有制,人类终将实现社会主义社会。最终,阐释社会主义实现必然性的马克思主义历史观,也以社会进步为前提,成为近代历史观的一种形式。

纲野的研究虽然与马克思主义有相同的出发点,但其《无缘·公界·乐》一书描绘出来的历史,却大相径庭。纲野认为,任何人都有对自由的根源性欲求,并将其命名为"无缘"。这一原理是普遍存在的,但也会因时代的不同而展现出不同形态。人类的自由不是后天由别人赋予,而是由与自然相联结的超越性存在所赋予的,天生的、得到普遍保证的权利。因此,神的没落直接导致了“无缘”原理的缩小,这也导致了与超越存在密切相关的“非人”等一群人失去权威并招致歧视。

纲野认为,真正自由和平的空间,存在于“无缘”原理不受任何事物妨碍、能充分发挥其功能的过去,而人类的历史是人类本源性自由逐渐衰退的历史。小路田泰直将纲野史学称为“现代版末法思想”的说法十分贴切。(小路田,2003)

这是要彻底改写日本明治维新以来的日本近代进步史观。这就是纲野史学根本的异端性。

但是,事实上纲野的实际工作中还残留了不少课题。最重要的是,纲野并没有成功地将自己重视的“无缘”(神圣存在)的实态描绘出来。在前近代社会(封建社会),正如前面反复阐述的,神圣性存在、超越性存在曾担当重要角色。但是,这种神圣性的本质发生了改变。这并不单单是说其表现形式、影响力发生了变化,而是神圣性的质本身也发生了巨大变化。日本 6 世纪的神与 12 世纪的神之间存在着很大的差异,难以用同一个“神”字来表述。

此外,纲野认为,日本南北朝时期“神圣性存在”的神、佛与天皇的权威彻底坠地,然而他却忽略了这三者之间的本质性差异。在中世,神、佛、天皇三者担负的权威绝对不是等同的。不同的佛也承担着不同层次的神圣性,并共存于同一个时代之中。纲野的无缘论,在超越性、神圣性的多样化及本质变化等视点上有着决定性的欠缺。

总之,纲野虽然极其重视神圣性存在所承担的作用,但他的理解方式非常死板和平庸。他只是单纯借用了著名欧洲史研究学家阿部谨也的理论框架,但缺乏自己的分析(阿部, 1987)。如何把握一直作为人类伙伴现实性,如何将其拥有的意义纳入历史叙述中,仍是其未能涉及的课题。

三、现世人神在近代的光与影

1. 试图超越身份制度的人们

在日本近世，人们将神内在化，因此在这一时代，人变为神成为可能。但是实际上，为了能成为接受祭拜之神，就必须有为他人不惜丢掉性命的英雄行为，一般人很难做到这一点。

普通人要成为神，就必须借助某种媒介。可充当媒介的有两种：一种是代表民众宗教的土著神，另一种是垂加神道或者国学中的天皇。不管是哪种，它们在推动人们超越现世身份差别而成为人神这一点上是共通的。其中，我们可以清楚地看到人们对自身能力的信赖以及冲破固有社会秩序束缚的志向。

到日本江户时代后期，以上层农民的富农和富商为中心的武士阶级之外的被统治阶层的人们也开始广泛地接受儒学、国学等学问的熏陶。另外，以和歌、狂歌为媒介形成的知识网遍布了日本列岛(高桥章则，2007)。许多人显示出对改善农业的热情，他们采用二宫尊德等人的办法，推动了农村改革。在这些人中，诞生了一些对国家层面政治问题积极谏言并关注社会改革的人物。与此同时，随着幕末的临近，从下到上立志改革身份等级社会的运动扩展到下层民众之中，反映这种愿望的人民起义、打砸抢等破坏活动频频发生。

人能成为神的言论在这一时期广泛流传，是被统治阶级应对这一动向的反应。19 世纪的日本，虽然鲜有直接批判社会体制的言论，但显然人们在深层意识中感受到了身份等级制度的桎梏。

幕府末期的动乱、明治维新以及之后长期的社会变动的根源正是历经数千年的日本人的宇宙观、世界观的变化。幕府维新时期的变革瓦解了日本的身份等级社会，人们立志建成平等的近代国民国家，而人神观念中所包含的追求平等的人生观，正是促成明治维新的潜流。因此，虽然幕府维新在体制上实现了从幕藩体制到天皇制国家的转变，但这并不是这场运动的终点。广大群众追求平等的强烈愿望起到了支撑明治前期争取自由民权等的“民间崛起”运动的作用。

2. 忠魂碑的建立

日本的维新政府是在接受了民众对社会根本性变革的期盼与支援民众运动的情况下诞生的，因此，它不可能大力压制民众的上升志向。摆在他们面前的最重要课题，反而正是如何将自江户后期以来不断提升的民众主体性转换为对国家的忠诚，以助于强化新体制的基础。为了建设舍弃了身份制外衣的近代化国家，就有必要创造出“自发”的、为国献身的“国民”。

围绕人们希望把自己提高到现世人神地位这一内在要求，维新政府采取的政策是，把他们的希望变成对处于新国家的精神核心地位的天皇的某种归属感！为此，政府建设了超越身份等级的常备军（国民军），与此同时，将那些为天皇奉献了生命的军人祭祀为神，让他们永远留在人们记忆中，并永远接受人们的祭拜。这意味着，在垂加神道和国学系统中强调并实践着的，以天皇为媒介的人神创出理论得到公认，并在国家层面大规模付诸实践。

维新政府先试着把在幕末内乱中丧命的官兵供奉在忠魂社里，因为这些战死者是为了天皇而丧命的，所以他们被当作神来祭拜。因此，天皇也必须成为超越普通人的“现世人神”。战死的官兵们作为护国神侍立在天皇身边，其丰功伟业永远为后人传颂。近世以来不断高涨的强调人类能动性、可能性的思潮，就这样被捆绑在天皇制国家的理论之中。

与此同时，不以天皇为媒介的人神创造体制则不断遭到排挤。因为在某些人看来，这种形式的人神信仰可能弱化天皇权威，必须彻底抹杀而后快。在开天辟地说及其宇宙观、世界观方面，民众宗教从古代神话世界中吸收了很多素材。在这一点上，它与新形成的近代国家神话有很多共通之处。但是，正因如此，当其世界观与支撑天皇制的神话产生冲突时，就会遭受到无情的镇压。无论民众宗教是否批判天皇制，单是在与天皇制国家有着不相称的世界观这一点上，就注定会被打上邪教(异端)的烙印。

明治维新成功后，当人们切实感受到重新构建的体制违背了自身愿望、生活受到压迫之时，民众宗教的思想就常常成为反映人们反抗之心与不满之情的代言。有时，民众宗教会被认定为批判明治政府现代化政策的反现代思想，这是由于其植根于民众的真实生活。正因如此，民族宗教被明治政府视为更加危险的存在，只能遭受被冠以邪教并被严重抨击的命运。

就近代日本的人神信仰来说，一方面是国家极力想把人民的主体性捆绑到国家一侧；另一方面，作为自下而上的自发运动，民族宗教欲把人神信仰留在民间。人神信仰就在这样的对立中不断发展。

3. 寄托人神之思

探索神的历史，就是人类探究自身可能性的历史。发现人类内在的圣性，就是人们对自身尊严与主体性的自我觉醒。日本近世以后出现的、背后没有明确根源神的现世神，意味着人与自然的分离，也意味着作为特权存在的人类的诞生。如果说近代化的定义之一是人类中心主义，那么，日本中世后期出现的彼岸世界的消退和人的崭露头角现象，均为日本列岛“近代化”的象征。这是幕末明治维新中身份等级社会解体的根本原因，也是日本走向西化的原动力。

一方面，日本的近代化不断发展，另一方面，像草木供养、神山思想中所体现出来的自然万物皆有神性的思想也并未消失。值得注意的是，这正是与欧美等国家相比十分突出的日本特色。

变为神的近代人，日益过于相信自己无所不知、无所不能。但是，无所不能同时也意味着掌握了毁灭自身的能力。如今，认真考虑人类存亡的时代到了。近代是人类对自身具有的无限可能性逐渐觉醒的时代，这对我们自身来说具有怎样的意义？现在，我们似乎有必要停下脚步，回头看看所走过的路。

近代哲学难以让我们客观地认识作为现代人的自己。真正能让我们对近代形成客观辩证之认识的，不是现代人作为自己愿望的投影而轻易提出的所谓“绳文思想”或是“弥生思想”，而是人类在过去漫长的历史长河中积累的智慧。以宽广的视野，站到漫长的时光中，重新追问近代这个时代以及诞生于那个时代的生命意义，不正是时代对我们的要求吗？

引用、参考文献一览

一、著作

作者的相关著作

佐藤弘夫:《神·佛·王权的中世》,法藏馆1998年版。

佐藤弘夫:《天照大神的变形》,法藏馆2000年版。

佐藤弘夫:《圣地的思想》,吉川弘文馆2003年版。

佐藤弘夫:《祈请文的精神史:中世世界的神与佛》,讲谈社2006年版。

佐藤弘夫:《死者何往》,岩田书院2008年版。

佐藤弘夫:《宿于前方后圆坟中之物》,小路田泰直编:《死的功能——何谓前方后圆坟》,岩田书院2009年版。

佐藤弘夫:《日本中世的国家与宗教》,吉川弘文馆2010年版。

佐藤弘夫:《圣地与巡礼》,入间田宣夫编:《士兵的极乐净土》,高志书院2010年版。

佐藤弘夫:《王都奈良的原像》,松冈正刚编:《ナラジア 东亚共同体?》,丸善2010年版。

佐藤弘夫:《中世神观念的变化》,伊藤聪编:《中世神话与神祇、神道世界》,竹林舍 2011 年版。

相泽忠洋:《岩宿的发现——寻求旧石器的幻影》,讲谈社 1969 年版。

Ouwehand:《鯰画》,せりか书房 1989 年版。

朝尾直弘:《将军权利的创造》,岩波书店 1994 年版。

阿部谨也:《中世贱民的世界》,筑摩书房 1978 年版。

纲野善彦:《无缘·公界·乐》,平凡社 1978 年版。

石井进:《讲座日本史(二)　院政时代》,东京大学出版会 1970 年版。

石田一良:《神与日本文化》,ぺりかん社 1983 年版。

石野博信:《邪马台国的候补地　缠向遗迹》,新泉社 2008 年版。

矶前顺一:《土偶与假面　绳文社会的宗教结构》,校仓书房 1994 年版。

伊藤聪:《中世天照大神信仰的研究》,法藏馆 2011 年版。

井上宽司:《日本的神社与神道》,校仓书房 2006 年版。

井上宽司:《日本中世国家与各国——宫制》,岩田书院 2009 年版。

井上光贞:《日本古代的王权与祭祀》,东京大学出版社 1984 年版。

今井昭彦:《近代日本与战死者祭祀》,东洋书林 2005 年版。

今尾文昭:《八角坟的出现与发展》,白石太一郎编:《探索古代终末期古坟与古代国家》,吉川弘文馆 2005 年版。

今尾文昭:《律令期陵墓的实像》,今尾文昭:《律令期陵墓的成立与都城》,青木书店 2008 年版。

入间田宣夫:《中尊寺金色堂的视线》,羽下德彦编:《中世地方社会与交流》,吉川弘文馆 1994 年版。

岩田重则:《战死者灵魂的去向——战争和民俗》,吉川弘文馆2002年版。

梅沢伊势三:《记纪批判》,创文社1962年版。

梅原猛:《日本的深层　绳文·蝦夷文化探索》,集英社1994年版。

江上波夫:《骑马民族国家:走近日本古代史》,中央公论社1967年版。

榎村宽之:《律令天皇制祭祀的研究》,塙书房1996年版。

大江志乃夫:《靖国神社》,岩波书店1984年版。

大久保徹也:《神观念和前方后圆坟祭祀》,广瀬和雄、小路田泰直编:《日本古代王权的成立》,青木书店2002年版。

大久保徹也:《古坟造营之死的印象》,小路田泰直编:《死的功能　何为前方后圆坟》,岩田书院2009年版。

大津透:《古代的天皇制》,岩波书店1999年版。

大场磐雄:《从考古学的角度看我们现代人的他界观念》,赤田光男编:《民族宗教史丛书·祖灵信仰》,雄山阁1991年版。

大平茂:《三轮山出土的子持勾玉祭祀和他的历史背景》,椙山林继、山岸良二编:《原始·古代日本的祭祀》,同成社2007年版。

冈崎敬:《宗像地域的展开和宗像大社》,宗像大社复兴期成会编:《宗像冲之岛》,宗像大社复兴期成会1961年版。

冈田庄司:《近世的神道祭祀》,大仓精神文化研究所编:《近世的精神生活》,续群书类从完成会1996年版。

冈田庄司:《阴阳道祭祀的成立和展开》,村山修一他编:《阴阳道从书(1):古代》,名著出版社1991年版。

冈田庄司编:《日本神道史》,吉川弘文馆2010年版。

冈田精司:《古代国家中的天皇祭祀》,冈田精司:《古代祭祀史研究》,塙书房1992年版。

冈村道雄:《绳文生活志》(修订版),讲谈社 2002 年版。

落合延孝:《画猫老爷　领主的民俗学》,吉川弘文馆 1996 年版。

折口信夫:《大尝祭的本义》,折口信夫全集刊行会编:《折口信夫全集》(三),中央公论社 1995 年版。

折口信夫:《从“占卜”到“祈愿”》,折口信夫全集刊行会编:《折口信夫全集》(四),中央公论社 1995 年版。

景山春树:《比叡山中的影堂与庙墓》,村山修一编:《比叡山与天台山的佛教研究》,名著出版社 1975 年版。

景山春树:《新装版　神体山》,学生社 2001 年版。

桂岛宣弘:《民众宗教中的神信仰与信仰共同体》,桂岛宣弘:《幕末民众思想研究:幕末国学与民众宗教》,文理阁 2005 年版。

加藤玄智:《本国生祠的研究》,明治圣德纪念学会 1931 年版。

金子修一:《汉唐间皇帝祭祀的变迁》,水林彪、金子修一、渡边节夫编:《比较历史学会大系(1):王权的宇宙论》,弘文堂 1988 年版。

上川通夫:《中世的继位仪礼与佛教》,岩井忠熊、冈田精司编:《天皇更替仪式的历史发展:即位礼与大尝祭》,柏书房 1989 年版。

川村邦光编:《战死者的去向——从讲谈与表象出发》,青弓社 2003 年版。

河音能平:《若狭国镇守十二宫传说的成立》,河音能平:《中世封建制成立史论》,东京大学出版会 1971 年版。

岸本觉:《关于大名家祖先的神格化的考察——以熊本藩为例》,佐佐木克编:《明治维新期的政治文化》,思文阁 2005 年版。

久野健:《东北古代雕刻史的研究》,中央公论 1971 年版。

熊谷公男:《日本的历史(三)　从大王到天皇》,讲谈社 2001 年版。

黑田智:《中世肖像的文化史》,鹈鹕社 2007 年版。

黑田俊雄:《一向一揆的政治理念——关于佛法领》,黑田俊雄:《日本中世的国家与宗教》,岩波书店1975年版。

黑天俊雄:《中世宗教史中神道的位置》,黑田俊雄:《日本中世的社会与宗教》,岩波书店1990年版。

黑田日出男:《关于中世的旅行装束》,黑田日出男:《装束与举止的中世史》,平凡社1986年版。

黑田日出男:《神与人——读"若狭国镇守神人绘系图"》,黑田日出男:《王的身体　王的肖像》,平凡社1993年版。

黑田日出男:《肖像画中的后醍醐天皇》,黑田日出男:《王的身体　王的肖像》,平凡社1993年版。

小泽浩:《现人神的思想史》,小泽浩:《现人神的思想史:日本的近代化与民众宗教》,岩波书店2010年版。

小路田泰直:《关于网野史学的超越方法——现代末法思想考察》,小路田泰直编:《网野史学的超越方法》,ゆまに书房2003年版。

小松和彦:《成为神的人们》,淡交社2001年版。

五来重:《元兴寺极乐坊　中世庶民信仰资料的研究》,法藏馆1964年版。

五来重:《增补高野圣》,角川书店1975年版。

五来重:《日本人的死生观》,角川书店1994年版。

近藤义郎:《前方后圆坟的时代》,岩波书店1983年版。

近藤义郎:《前方后圆坟与吉备·大和》,吉备人出版社2001年版。

近藤义郎:《思考前方后圆坟的起源》,青木书店2005年版。

齐藤英喜:《作祟的神与讬宣的神》,山折哲雄编:《日本的神1:神的始源》,平凡社1995年版。

樱井好朗:《众神的变容　从社寺传说的世界出发》,东京大学出版会 1976 年版。

樱井德太郎:《日本民俗宗教论》,春秋社 1982 年版。

佐佐木宏干:《萨满教——陶醉与附灵文化》,中公新书 1980 年版。

佐佐木高明:《山神与日本人》,洋泉社 2006 年版。

佐佐木徹:《广布于北上川流域的灵场》,东北中世考古学会编:《中世的圣地·灵场》,高志书院 2006 年版。

佐佐木藤雄:《环状列石与绳文式阶层社会》,安斋正人编:《绳文社会论》(下),同成社 2002 年版。

佐藤真人:《平安时代宫廷的神佛隔离——围绕 7 的规定》,二十二社研究会编:《平安时代的神社与祭祀》,国书刊行会 1985 年版。

柴田实:《祖先崇拜的源流》,赤田光男编:《祖灵信仰》,雄山阁 1991 年版。

岛薗进:《活神思想论》,宗教社会学研究会编:《现代宗教视角》,雄山阁 1978 年版。

岛薗进:《十九世纪日本宗教构造的改观》,小森阳一等编:《岩波讲座近代日本的文化史宇宙论的“近世”》,岩波书店 2001 年版。

岛薗进:《国家神道与日本人》,岩波书店 2010 年版。

白石太一郎:《弥生、古坟文化论》,朝尾直弘等编:《岩波讲座日本通史　古代》(一),岩波书店 1993 年版。

白石太一郎:《墓与他界观》,上原真人等编:《列岛的古代史　信仰与世界观》,岩波书店 2006 年版。

白石太一郎:《人物埴轮群像诉说着什么》,大阪府立附近的飞鸟博物馆编:《埴轮群像的考古学》,青木书店 2008 年版。

新谷尚纪:《日本人的葬礼》,纪伊国屋书店 1992 年版。

新谷尚纪:《葬礼——死亡与慰灵的日本史》,吉川弘文馆 2009 年版。

末木文美士:《日本佛教史》,新潮社 1992 年版。

末永惠子:《乌传神道的基础研究》,岩田书院 2001 年版。

须贺实穗:《天神传说的系谱》(研究·资料篇、图版篇),中央公论美术出版 2004 年版。

椙山林继、山岸良二编:《原始·古代日本的祭祀》,同成社 2007 年版。

铃木正崇:《山与神与人——山岳信仰与修验道的世界》,淡交社 1991 年版。

外池升:《幕末·明治时期的陵墓》,吉川弘文馆 1997 年版。

外池升:《文久的修陵》,外池升:《别册历史读本 78:历史检证天皇陵》,新人物往来社 2001 年版。

曾根原理:《德川家康的神格化之道》,吉川弘文馆 1996 年版。

曾根原理:《神君家康的诞生》,吉川弘文馆 2008 年版。

高木博志、山田邦和编:《历史中的天皇陵》,思文阁 2010 年版。

高木丰:《日莲思想的继承与改观》,户顷重基、高木丰校注:《日本思想大系 14 日莲》,岩波书店 1970 年版。

高取正男:《神道的成立》,平凡社 1979 年版。

高桥章则:《江户的调班族:代官所小吏的世界》,平凡社 2007 年版。

高桥美由纪:《伊势神道的成立与发展》(增补版),鹈鹕社 2010 年版。

辰巳和弘:《埴轮与绘画的古代学》,白水社 1992 年版。

辰巳和弘:《神圣的水祭祀与古代王权　天白盘座遗址》,新泉社 2006 年版。

辰巳和弘:《圣树与古代大和的王宫》,中央公论社 2009 年版。

田中悟:《会津神话》,弥涅尔瓦书房 2010 年版。

辻善之助:《本地垂迹》,辻善之助:《日本佛教史》(上世篇),岩波书店 1944 年版。

津田左右吉:《日本的神道》,津田左右吉:《津田左右吉全集》(九),岩波书店 1964 年版。

都出比吕志:《王陵的考古学》,岩波书店 2000 年版。

常松干雄:《最古老的王墓　吉武高木遗迹》,新泉社 2006 年版。

寺泽熏:《日本的历史二　王权诞生》,讲谈社 2000 年版。

户田芳实:《从律令制中解放》,校仓书院 1994 年版。

内藤正敏:《日本的木乃伊信仰》,法藏馆 1999 年版。

中泽新一:《野性录 2:从熊到王》,讲谈社 2002 年版。

中泽新一:《野性录 4:神的发明》,讲谈社 2003 年版。

中野岂任:《被遗忘的灵场》,平凡社 1988 年版。

中村生雄:《日本的神与王权》,法藏馆 1994 年版。

中村生雄:《杀生罪孽观与草木成佛思想》,中村生雄、三浦佑之、赤坂宪雄编:《狩猎与供奉牺牲的文化志》,森话社 2007 年版。

波平惠美子:《日本人死的形式——从传统仪礼到靖国》,朝日新闻社 2004 年版。

西宫一民:《关于社的考察——语言与文字》,西宫一民:《上代祭祀与言语》,樱枫社 1990 年版。

西宫秀纪:《神祇祭祀》,上原真人等编:《列岛的古代史:信仰与世界观》,岩波书店 2006 年版。

羽贺祥二:《明治维新与宗教》,筑摩书房 1994 年版。

桥本初子:《中世东寺与弘法大师信仰》,思文阁 1990 年版。

华薗聪麻:《日本的圣地与灵场》,今野达、佐竹昭广、上田闲照编:《日本文学与佛教》(7),岩波书店 1995 年版。

林干弥:《太子信仰的研究》,吉川弘文馆 1980 年版。

速水侑:《贵族社会与秘密修法》,速水侑:《平安贵族社会与佛教》,吉川弘文馆 1975 年版。

广濑和雄:《前方后圆坟与大和政权》,广濑和雄、小路田泰直编:《日本古代王权的成立》,青木书店 2002 年版。

广濑和雄:《前方后圆坟国家》,角川书店 2003 年版。

藤井学:《中世国家观的一种形态——以日莲的道理与释尊御领为中心》,读史会编:《国史论集》(一),读史会 1959 年。

藤井由纪子:《圣德太子的传承》,吉川弘文馆 1999 年版。

藤田觉:《江户时代的天皇》,讲谈社 2011 年版。

布席·安妮(Bouchy Anne):《生存在神与人的夹缝之间:近代都市的女巫》,东京大学出版会 2009 年版。

古屋纪之:《古坟的成立与送葬祭祀》,雄山阁 2007 年版。

古屋纪之:《从弥生坟墓到古坟——送葬仪礼的变化》,川崎市市民博物馆编:《从墓看社会》,雄山阁 2009 年版。

北条芳隆:《“大和”原风景的诞生》,小路田泰直编:《死的功能——前方后圆坟究竟为何物》,岩田书院 2009 年版。

堀一郎:《关于山岳信仰最初形态的一假说》,堀一郎:《我国民间信仰史的研究(二):宗教史论》,创元社 1953 年版。

堀一郎:《关于万叶集中出现的葬制、他界观、灵魂观》,堀一郎:《宗教、习俗的生活规制》,未来社 1963 年版。

堀一郎:《民间信仰史的诸问题》,未来社 1971 年版。

前田勉:《近世神道与国学》,鹈鹕社 2002 年版。

松木武彦:《日本的历史(一):列岛创世纪》,小学馆 2007 年版。

松木武彦:《进化考古学的大冒险》,新潮社 2009 年版。

松木直子等:《何为认知考古学》,青木书店 2003 年版。

松本直子:《绳文的村落与社会》,岩波书店 2005 年版。

三浦佑之:《人类铁骨论》,中村生雄、三浦佑之、赤坂宪雄编:《狩猎与供奉牺牲的文化志》,森话社 2007 年版。

三桥正:《从古代到中世神祇信仰的发展》,三桥正:《平安时代的信仰与宗教仪礼》,续群书类从完成会 2000 年版。

三桥正:《从古坟祭祀到律令祭祀》,三桥正:《日本古代神祇制度的形成与发展》,法藏馆 2010 年版。

水谷类:《庙墓卵塔与当世净土的思想》,雄山阁 2009 年版。

水谷类:《墓前祭祀与圣所的拓扑学》,雄山阁 2009 年版。

宫家准:《灵山与日本人》,NHK 书籍 2004 年版。

宫田登:《活神信仰——将人当作神侍奉的习俗》,塙书房 1970 年版。

宫田登:《农村的复兴运动与民众宗教的发展》,大津透等编:《近世五》,岩波书店 1977 年版。

宫田登:《江户的小神们》,青木社 1989 年版。

六车由实:《神、吃人》,新曜社 2003 年版。

六车由美:《牺牲者的思想・绪论:人成为守护神的方法》,中村生雄、三浦佑之、赤坂宪雄编:《狩猎与供奉牺牲的文化志》,森话社 2007 年版。

村上重良:《关于幕末维新期的民众宗教》,村上重良、安丸良夫校注:《日本思想大系(67):民众宗教的思想》,岩波书店 1971 年版。

村上重良:《慰灵与招魂——靖国思想》,岩波书店 1978 年版。

村上修一:《神佛习和思潮》,平乐寺书店 1957 年版。

木康宏史:《军城的慰灵空间——国民统合与战死者们》,吉川弘文馆 2002 年版。

森浩一:《日本的古代文化》,石母田正等编:《古代文明的形成》,学生社 1962 年版。

安丸良夫:《日本的近代化与民众思想》,青木书店1974年版。

安丸良夫:《近代天皇像的形成》,岩波书店1992年版。

安丸良夫、矶前顺一编:《对安丸思想史的抗辩》,鹈鹕社2010年版。

柳田国男:《山宫考》,柳田国男:《定本柳田国男集》(11),筑摩书房1963年版。

柳田国男:《先祖的故事》,柳田国男:《柳田国男全集》(13),筑摩书房1990年版。

柳田国男:《将人当作神侍奉的风习》,柳田国男:《柳田国男全集》(13),筑摩书房1990年版。

山田雄司:《崇德院怨灵的研究》,思文阁出版2001年版。

山田雄司:《跋扈的怨灵——作祟与镇魂的日本史》,吉川弘文馆2007年版。

山本宏子:《至高者们——面向中世神学》,山折哲雄编:《日本的神——神的始源》,平凡社1995年版。

山本宏子:《中世神话》,岩波书店1998年版。

山本阳子:《画卷中神与天皇的表现》,中央公论美术出版2006年版。

渡边浩:《东亚的王权与思想》,东京大学出版会1997年版。

和辻哲郎:《日本伦理思想史》(上),岩波书店1952年版。

二、译著

[德]埃德蒙·瑙曼(Edmund Naumann):《山神》,野村伸一、檜枝阳一郎译,言丛社1994年版。

[英]詹姆斯·乔治·弗雷泽(Sir James George Frazer):《金枝篇》(上、下),吉川信译,筑摩学艺文库2003年版。

[英]斯蒂芬·奥本海默(Stephen Oppenheimer):《人类足迹的十万年史》,仲村明子译,草思社 2007 年版。

[英]史蒂文·米森(Steven Mithen):《心的先史时代》,松浦俊辅、牧野美佐绪译,青木社 1998 年版。

三、期刊论文

佐藤弘夫:《作祟神的变形》,《日本思想史学》1999 年第 31 期。

佐藤弘夫:《"神佛习合"论的形成之历史背景》,《宗教研究》2007 年第 2(353)期。

佐藤弘夫:《死者栖于山吗》,《〈亚洲游学〉特集:东亚死者的去向与葬仪》2009 年第 124 期。

佐藤弘夫:《通往彼岸的声音——神佛之声变为声响之时》,《文学》2010 年第 11 卷 6 号。

佐藤弘夫:《吸引到彼岸之神——日本的净土信仰的形象与画面》,《生死学研究》2011 年第 16 期。

佐藤弘夫:"Changes in the Concept of Mountains in Japan," *Cahiers d'Extreme-Asie*, Vol. 18,2011.

有富纯也:《神社神殿的成立与律令国家》,《国立历史民俗博物馆研究报告》2008 年第 148 期。

伊藤聪:《神佛习和理论的变化——从中世到近世》,《宗教研究》2007 年第 2(353)期。

伊藤正义:《中世日本纪的轮廓——有关太平记的卜部兼员说》,《文学》1972 年第 40 卷 10 号。

井原今朝男:《镰仓期诹访神社有关史料所见神道与佛道——中世御请文时代的特征》,《国立历史民俗博物馆研究报告》2008 年第 139 期。

今崛太逸:《瘟神与神祇信仰的发展》,《佛教史研究》1993 年第 36 卷 2 号。

大久保彻也:《古坟论——尝试复制王》,《日本史的方法》2006 年第 3 期。

冈田精司:《关于古坟上的继承仪礼之说》,《国家历史民俗博物馆研究报告》1999 年第 80 期。

小野一之:《圣德太子墓的开展与叡福寺的成立》,《日本史研究》1991 年第 342 期。

片冈耕平:《关于中世的污秽观念》,《历史》2004 年第 102 期。

胜田至:《中世的宅地墓》,《史林》1998 年第 71 卷 3 号。

金子裕之:《神武神话与藤原京》,《日本史的方法》2007 年第 7 期。

岸本觉:《旧领主的由来与忌辰》,《历史评论》2012 年第 743 期。

北康宏:《律令陵墓祭祀的研究》,《史学杂志》1999 年第 108 期。

熊谷公男:《古代王权与灵魂》,《日本史研究》1988 年第 308 期。

熊谷公男:《持统天皇的继位礼与"治天下大王"的继位仪礼》,《日本史研究》2002 年第 474 期。

神野志隆光:《神与人——天皇即神的思想与表现》,《国语与国文学》1990 年 11 月特集号。

小路田泰直:《关于人·社会·神的诞生假说——针对依存理论的确立》,《日本史的方法》2007 年第 6 期。

坂本是丸:《"日本法西斯主义"与神社、神道相关的简述》,《国学院大学研究开发推进中心研究纪要》2012 年第 6 辑。

佐佐木藤雄:《东北的环状列石——走近其谜团》,《季刊东北学》2008 年第 15 期。

高桥涉:《“山岳信仰”的概念》,《宫城学院女子大学研究论文集》1985年第62辑。

田中文英:《十一、十二世纪净土教的发展》,《历史》1969年第54期。

谷口美树:《平安贵族的疾病认知与治疗方法》,《日本史研究》1992年第364期。

马库斯·杜文(Marcus Teeuwen):《神祇、神道和神道》,《文学》2008年第9卷2号。

长冈龙作:《关于神像成立的考察——古代日本的八幡神》,《GBS论集》2005年第3号。

长冈龙作:《古代日本的“生身”观与造像》,《美术史学》2008年第29期。

林淳:《神佛习合研究史笔录》,《神道宗教》1984年第117期。

原田昌幸:《土偶》,《日本的美术》1995年第345期。

原田昌幸:《土偶祭祀的构成》,《考古学季刊》2009年第107期。

原田昌幸:《土偶与其周边》(1),《日本的美术》2010年第526期。

原田昌幸:《土偶与其周边》(2),《日本的美术》2010年第527期。

引野亨辅:《近世中后期的神域神职编成——以“真言地带”安艺为例》,《史学杂志》2002年第110期。

引野亨辅:《近世后期地域社会中的藩主信仰与民众意识》,《历史学研究》2006年第820期。

北条胜贵:《古代日本的神佛信仰》,《国立历史民俗博物馆研究报告》2008年第148期。

北条芳隆:《大型前方后圆坟的首创》,《日本史的方法》2007年第5期。

北条芳隆:《从首长到人身御供——作为始祖诞生祭礼的前方后圆坟祭祀》,《日本史的方法》2007年第5期。

细川凉一:《叡尊、忍性的慈善济渡——以非人济渡为主线》,《论究》(中央大学研究生院)1979年第11卷1号。

丸山茂:《关于神社建筑的形成历程中官社制的意义》,《建筑史学》1999年第33期。

山折哲雄:《古代日本神与佛的关系》,《东北大学文学部研究年报》1979年第29期。

吉原浩人:《皇极天皇的堕地狱谭》,《国文学解释与鉴赏》1990年第711期。

四、特集、论集

日本史研究会、京都民科历史部会编:《从"陵墓"中看到的日本史》,青木书店1995年。

外池升:《别册历史读本(78):历史验证天皇陵》,新人物往来社2001年。

橿原考古学研究所编:《水与祭祀的考古学》,学生社2005年。

《季刊考古学特集·古坟时代的祭祀》2006年第96期。

《季刊考古学特集·日本的环状列石》2007年第101期。

《季刊考古学特集·绳文时代的节日》2009年第107期。

大阪府立附近的飞鸟博物馆编:《埴轮群像的考古学》,青木书店2008年。

五、市町村史、调查报告书、图录

《仙台市文化财调查报告书》(15)《史迹远观塚古坟》,1979年。

《仙台市文化财调查报告书》(130)《茂崎横穴墓群》,1989年。

《仙台市史》特别编(二)《考古资料》,1995年。

《仙台市史》通史编(二)《陆奥国与仙台平野》,2000年。

《仙台市文化财调查报告书》(311)《大念寺山横穴墓群发掘调查报告书》,2007年。

《国宝土偶展》,东京国立博物馆及其他,2009年。

六、所用文本一览

《本居宣长全集》(九)引《古事记传》,筑摩书房。

《大日本史料》一二篇之九引《墨西哥总督宛德川家康书简》。

《丁苯亲鸾上人全集》(六)引《庙崛偈》。

东洋文库《东西游记》(一)引《东游记》,平凡社。

东洋文库本《神道集》,角川书店。

《草根集　权大僧都心敬集　再昌》引《草根集》。

河音能平:《中世封建制成立史论·若狭国镇守十二宫缘起的成立》引《若狭国镇守十二宫缘起》,东京大学出版社1971年版。

《纪伊国名胜图会》,东北大学狩野文库。

《菅江真澄全集》(三)引《都介路廼远地》。

金光教本部教厅:《金光大神理解》引《金光教教典》。

《枥木县史·史料篇·中世一》引《护阿寺桦崎缘起并佛事次第》。

《镰仓遗文》(十)七二五号《九条道家惣处分状》。

木藤才藏:《连歌私论的研究》引《连歌私论》天理本,临川书店1990年版。

《群书类从》(二)引《太神宫参拜记》。

日本古典文学大系:《假名法语集·一言芳谈》。

日本古典文学大系:《今昔物语集》。

日本古典文学大系:《平安镰仓私家集·和泉式部集》。

日本古典文学大系:《平家物语》。

日本古典文学大系:《日本书纪》。

日本古典文学大系:《荣华物语》。

日本古典文学大系:《沙石集》。

日本古典文学大系:《太平记》。

日本古典文学大系:《谣曲集》(二)引《黑塚》。

日本古典文学大系:《愚管抄》。

日本古典文学大系:《源氏物语》。

日本古典文学全集:《风土记》。

日本古典文学全集:《古事记》。

日本古典文学全集:《谣曲集》(一)引《采女》。

日本古典文学全集:《谣曲集》(二)引《芭蕉》。

日本古典文学全集:《谣曲集》(二)引《求塚》。

日本古典文学全集:《谣曲集》(二)引《隅田川》。

日本古典文学全集:《中世日记纪行集·海道记》。

日本绘卷:《石山寺缘起》,中央公论社。

日本绘卷物全集:《一遍圣绘》,角川书店。

日本思想大系:《法然　一遍》引《一遍上人语录》。

日本思想大系:《近世佛教思想》引《妙好人传》。

日本思想大系:《近世佛教思想》引《三彝训》。

日本思想大系:《镰仓旧佛教》引《兴福寺奏状》。

日本思想大系:《律令》。

日本思想大系:《民众宗教思想》。

日本思想大系:《民众宗教思想》引《三十一日御卷》。

日本思想大系:《寺社缘起》引《北野天神缘起》。

日本思想大系:《寺社缘起》引《粉河寺缘起》。

日本思想大系:《天台本觉论》引《天台法华宗牛头法门要纂》。

日本思想大系:《天主教书　排耶书》引《排吉利支丹文》。

日本思想大系:《往生传　法华验记》引《法华验记》。

日本思想大系:《往生传　法华验记》引《日本往生极乐记》。

日本思想大系:《往生传　法华验记》引《拾遗往生传》。

日本思想大系:《源信》引《往生要集》。

日本思想大系:《中世神道论》引《唯一神道名法要集》。

日本思想大系:《中世神道论》引《中臣祓训解》。

神道大系·论说编:《卜部神道》(上)引《神道大意》(吉田兼雄)。

神道大系·论说编:《垂加神道》引《神道大意》(若林强斋)。

神道大系·论说编:《天台神道》(上)引《丰苇原神风和记》。

神道大系·论说编:《伊势神道》(上)引《宝基本记》。

神道大系·论说编:《伊势神道》(上)引《御镇座本纪》。

神道大系·神社篇:《若狭　越前　加贺　能登国》引《若狭国镇守十二宫神人绘系图》。

神道大系·神社篇:《上野·下野国》引《东照社缘起　假名缘起》。

神道大系·神社篇:《上野·下野国》引《东照社缘起　真名缘起》。

《万代龟镜录》卷三《宗义制法论》。

《西国三十三处名胜图会》,临川书店。

小泽富夫:《增补改订武家家训·遗训集成》引《极乐寺殿御消息》,鹈鹕社。

新潮日本古典集成:《方丈记　发心集》引《发心集》。

新订增补国史大系:《本朝世纪》。

新订增补国史大系:《本朝文集》引《后伏见天皇赠僧睿尊菩萨号敕》。

新订增补国史大系:《本朝文粹》引《富士山记》。

新订增补国史大系:《大镜　水镜》引《水镜》。

新订增补国史大系:《帝王编年纪　扶桑略记》引《扶桑略记》。

新订增补国史大系:《今镜　增镜》引《今镜》。

新订增补国史大系:《日本纪略》。

新订增补国史大系:《日本三代实录》。

新订增补国史大系:《十训抄等》引《十训抄》。

新订增补国史大系:《吾妻镜》。

新订增补国史大系:《续日本后记》。

新订增补国史大系:《延喜式》。

新日本古典文学大系:《宝物集　闲居友　比良山古人灵托》引《闲居友》。

新日本古典文学大系:《古事谈　续古事谈》引《古事谈》。

新日本古典文学大系:《日本灵异记》。

新日本古典文学大系:《土佐日记　蜻蜓日记　紫式部日记　更级日记》引《更级日记》。

新日本古典文学大系:《续日本纪》。

新日本古典文学大系:《万叶集》。

新日本古典文学大系:《宇治拾遗物语　古本说话集》引《宇治拾遗物语》。

新异国丛书:《耶稣会日本年报》(上),雄松堂书店。

须贺实穗:《天神缘起系谱》(研究・资料篇、图版篇)引《天神缘起》,中央公论美术出版 2004 年版。

《续群书类从・三》(上)引《神祇正宗》。

《续群书类从・二八》(上)引《高野山记》。

《续群书类从・二八》(上)引《善光寺缘起》。

续日本绘卷:《桑实寺缘起　道成寺缘起》引《道成寺缘起》。

续日本绘卷:《土蜘蛛草纸　天狗草纸　大江山绘词》引《天狗草

纸》。

续神道大系:《乌传神道》(一)引《蚁之念》。

续神道大系:《乌传神道》(四)引《和军蜻蜓备》。

岩波文库:《耳囊》(上、中、下)。

岩波文库:《法华经》(上、中、下)。

岩波文库:《魏志倭人传等》引《魏志倭人传》。

《玉蕊》,思文阁出版。

真福寺善本丛刊:《中世日本纪集》引《日本纪三轮流》。

《真言宗安心全书》(下)引《光明真言四重释》。

《真言宗安心全书》(下)引《秘密念佛抄》。

《真宗史料集成》(一)《诸神本怀集》。

中世文学:《源平盛衰记》,三弥井书店。

《诹访市史》(上)引《大祝诹访信重解状写》。

七、插图出处

第一章

《国宝法隆寺展　法隆寺昭和资材账调查完成纪念》引"多闻天像",奈良国立博物馆等,1994 年。

第二章

《国宝土偶展　文化厅海外展大英博物馆归国纪念》引"合掌土偶",文化厅等 2009 年。

第四章

《诸神之美的世界　京都神道美术》引"神像",京都国立博物馆 2004 年。

《神佛习合》引"北野社绘图",奈良国立博物馆 2007 年。

《融通念佛缘起》引"融通念佛缘起",中央公论社 1992 年版。

第五章

《神佛习合》引“山越阿弥陀图”，奈良国立博物馆 2007 年。

《神佛习合》引“春日宫曼陀罗”，奈良国立博物馆 2007 年。

第六章

《别册太阳·九八·幽灵的原形》引“幽灵图”，平凡社 1997 年版。

《桑实寺缘起·道成寺缘起》引“道成寺缘起”，中央公论社 1992 年版。

后　记

正逢知天命之年，我赌上自己剩余的研究生涯，给自己设下了两个课题：其一为“死”，另一个则是“神”。

死是任何人都避之不去的宿命，而神则是从远古贯穿至今相伴相随的伙伴。如果人文科学的目的在于解开“人类”这一不可解的生物的本质，那么在最深层面上与人息息相关的这两个主题，不刚好正是一个开端么？站在这个问题意识上，我并非从抽象的思辨层面论述，而是想要在我一生的田野调查的对象——日本列岛为素材，结合具体的资料，从历史的观点进行解读。

关于“死”这个课题，2008 年岩田书院为我出版了《死者何往》一书。这之后，我得以集中精力专注于考虑“神”的问题。在这个过程中，我意识到这个主题之难，已超出了我的想象。

呈献给大家的这本书，是在我追赶“神”的四年里无数次跌倒、无数次爬起、苦苦缠斗的结果。然而重读校样后，我深感还有堆积如山的问题。我在写作时最重视论点是否明晰，但在这一点上，本书依然留下了很大的课题。前行之路尚远，谨将其作为漫漫旅程中的一座小小的里程碑，在此用这微不足道的一书向世间投问。

执笔本书之时，众多先行研究为我引路。我想，所谓学问，便是学习那些令人尊敬之事、之人。此次，我也为与这些值得尊敬的先行研究相遇而深感幸运。

在此，我也想表达我的感谢。首先感谢给我提供演讲机会的各位，我在收到演讲或报告的邀请时，即使事务繁忙，抑或是专业领域以外的题目，我也尽可能地接受下来。因此，尽管时有事务繁重、寸步难行之感，但回想起来，这些也都是有意义且愉快的相会。在准备演讲材料的过程中、在会场的讨论里，我常有灵光一现的想法，在本书之中皆有体现。

如今我依旧真切地感受到，作为研究者，我是周围的人们培育起来的。

去年3月11日，我在仙台经历了东日本大地震。尽管自1978年宫城县海啸以来，我经历过相当多的地震，但这回比过去任何一次都要激烈。震后，被形容为“前所未有”的海啸又席卷而来。在这次地震中，我深深感到，稍有不慎，谁都有可能失去生命，灾难中真是生死一线。与多数的受灾者一样，通过这次地震，我感到并不是自己在活着，而是某种巨大的力量令我活了下来。这次的体验该在我今后研究“神”的过程中如何体现呢？我仿佛背上了一个崭新而沉重的课题。

继《死者何往》之缘，这本书依然由岩田书院出版。书院的岩田博先生，对于我的要求自不必说，对于年轻的研究者们提出的出版计划，总是给予深刻的理解。在出版不景气的今天，越来越需要像岩田书院这样坚实而能坚守良知的学术出版社。

最后，向岩田先生表示谢意的同时，我也诚挚地祝愿岩田书院能乘风破浪，越办越好。

佐藤弘夫

2012年8月9日

译后记

佐藤弘夫先生是日本著名的思想史领域的权威学者，近年来，多次来中国讲学，其在中国社科院日本所的学术演讲给了我很大的冲击。于是，在2011年赴日本做短期客座研究员时，我便购买了其著作《死者何往》(岩田书院，2008)，读着第一章，就被作者那份纸背透出的真情所感染，一口气读完，大有相见恨晚之感。

于是，在我的研究生课上，给学生们推荐了《死者何往》一书，并作为练习，将部分内容译出后讨论。参加翻译的同学都非常喜欢此书，这也让我感到，若有机会把此书翻译成中文该是件非常有意义的事情。

2013年寒假，受佐藤先生邀请，我赴日本东北大学做客座研究员，其间与先生谈起了此书，佐藤先生向我推荐了《日本的人神信仰》，希望我能将此书译出。之后，由于身体等原因，拖至今日。

佐藤弘夫先生的这本《日本的人神信仰》，从学术立场出发，结合日本的具体资料，溯本求源，剖析了神的信仰历史、神佛融合以及现世人神信仰形成的具体过程及谱系。

作为一名从事日本研究的学人，翻译这样的著作是一种责任，也是一种荣幸。在这个意义上我应该感谢有佐藤弘夫先生这样的学者，感谢这种学术著作的存在。

此书的部分内容也在研究生课堂上反复讨论过，课堂上字斟句酌的讨论，也给了我许多启发。学生们对此书的兴趣，也让我感到年轻一代是值得期待的一代。此书由我与栾超共同翻译。

此书已经有了韩文版和英文版，足见此书无论在亚洲还是欧美都有译介的价值。

翻译过程中每每遇到难以定夺之词，便痛感翻译这种跨文化的实践的挑战性与冒险性，想必错讹之处难免，还望方家指教。

在此，我要诚心地感谢佐藤弘夫先生。感谢他对我的信任，将本书的翻译权授予我；感谢他的无私，将本书的出版权无偿授予山东大学出版社。

感谢山东大学外国语学院给予的出版支持。感谢责任编辑秦大忠博士的认真负责，他使本书增色不少，也使我感受到翻译事业之难、译者责任之重。

邢永凤

2017 年 7 月